中国机制银圆目录

CONCISE CATALOGUE OF
MODERN CHINESE SILVER COINS

周沁园　沈雪明·编著

上海科学技术出版社

图书在版编目（CIP）数据

中国机制银圆目录 / 周沁园，沈雪明编著. -- 上海：上海科学技术出版社，2021.8（2024.7 重印）
ISBN 978-7-5478-5383-2

Ⅰ. ①中… Ⅱ. ①周… ②沈… Ⅲ. ①银币（考古）—目录—中国—近代 Ⅳ. ①K875.61

中国版本图书馆CIP数据核字(2021)第113411号

策划编辑　励　真
责任编辑　励　真
责任校对　卢文斌
美术设计　房惠平

中国机制银圆目录
周沁园　沈雪明　编著

上海世纪出版（集团）有限公司　出版、发行
上海科学技术出版社
（上海市闵行区号景路159弄A座9F–10F）
邮政编码 201101　www.sstp.cn
上海中华商务联合印刷有限公司印刷
开本 787×1092　1/16　印张 23　插页 4
字数：450 千字
2021 年 8 月第 1 版　2024 年 7 月第 4 次印刷
ISBN 978-7-5478-5383-2/G·1061
定价：268.00 元

本书如有缺页、错装或坏损等严重质量问题，
请向承印厂联系调换

序

XU

钱币集藏，需要专业图书的参考指导，其中，图谱类的价格目录工具书，对民间集藏活动更具实用价值。一些品质优秀的价格目录图谱，既是一个历史阶段集藏、研究状况的展现，也是促进钱币集藏进步发展的重要推力。

中国近代金银币集藏，发轫于清光绪末年，绵延至今已有百余年历史。其间，虽相继有不少体现不同时代集藏研究水平的专业图谱出版，但能做到系统完整地反映中国近代金银币纲要品类、价值评估专业合理的图录却十分稀缺。近十几年来，中国近代金银币藏界快速繁荣，景况巨变，诸如集藏群体迅速扩大、藏品估值提升显著、新品披露屡有所现、考证研究成果丰硕，等等。这些都是正面的情况，不过，与此同时，由于缺乏科学、理性的规范与指导，藏界也有各种负面表现。例如品类间的比价关系失衡严重、市场炒作造成价格剧烈波动等，这对钱币集藏良性发展不利。面对现状，藏界迫切需要一部完整反映纲要品类、价格评估专业合理的工具书出现，以利获得富有裨益的专业指导。所幸，这一需求及时地得到周沁园、沈雪明这两位新一代钱币专家的积极回应，他们合作编撰了一部内容包含中国银圆以及金币、镍币、铝币并标注价格评估的图录，名为《中国机制银圆目录》。

周沁园、沈雪明是当今中国近代机制币藏界公认的优秀专家，年少时便爱好中国钱币的集藏研究，至今已历时三十余年。早年，他们的兴趣主要集中于中国铜元上，后来集藏研究又兼及中国近代机制币其他门类。因深迷集币，更经长期不懈地学习与钻研，遂双双成为中国钱币藏界的杰出者。周沁园较侧重于钱币图片资料收集、版别研究和学术考证；沈雪明更擅长于钱币真伪鉴定和价格评估，是中国钱币藏界普遍认可的权威专家。两位各施所长，强强联手，为编撰一部优秀的专业著作奠定了坚实基础。

《中国机制银圆目录》的编撰工作启动于2018年，历经三年辛苦努力，如今终于大功告成。细细品读，可嘉之处确实不少。

本书在图版收录上，本着系统、纲要、全面的原则，对已经披露的纲要品，竭尽可能地予以辑入，书中精品荟萃，不乏首现奇珍。而在版别的甄选上，充分考虑到藏界主流的需求，择其大端，舍弃芜杂，纲目组合明了得当。之外，书中对于镍、铝等材质

序

的币种，作了详尽收录并给予十分专业的评价，这尤为值得称道。此类币种，因其品类数量较少，史料披露也不充分，大部分近代铸币图录惜未载入。即使少数书籍有所涉及，也仅稍加点缀，很不全面。由于研究不力，关注不足，颇受藏界冷遇，这是中国钱币藏界不成熟的表现。因为镍币、铝币，作为辅币，从币制而言，它与主币构成子母相权的整体；从集币来讲，它是系统集藏的配套成员。现在，本书予其以应有重视，弥补了中国钱币集藏史上一个长期缺憾，这是一个尤为突出的成就。

作为一部价格目录类的工具书，对所列钱币作专业价格评估是其主要组成部分，本书在钱币价格评估方面也表现得非常专业。作者对近年来市场交易价进行充分梳理，采纳其中合理的部分，摈弃某些非理性的成分，并兼顾各种估值因素、运用自身卓越的专业能力，对书中所收录的各类钱币作出独立、公正的估价评判，力求体现出相互合理的比价关系。这不仅给集藏者提供有益的指导，而且对藏品市场良性化起到匡扶作用。

在历史文物中，钱币是最富文史含量的，集币活动最核心的价值在于益智养性。为了宣示这一理念，作者特邀中国近代铸币研究的著名学者孙浩先生撰写书中各地铸币的简史，以及对某些珍品作专门考证解说。孙浩先生长期致力于中国近代铸币历史背景的考证研究，本书中，其精到扼要的阐述，给读者以学识滋养和价值观的启示，更为本书增添丰富的学术含量。

上述之外，本书尚有诸多亮点可陈，如书中图片清晰精美，利于版式对照；版面布局美观大气，阅读体验良好；而将各种不同材质的铸币统一归于其属地排列，既体现币制上主辅之间的关联，又给系统集藏者提供收集配套的参考。

总之，毫无疑问，这是一部迄今同类书中最为出色的专业工具书，其出版发行，定能让使用者获得富有成效的帮助，并对中国钱币集藏的良性发展产生积极影响。

施新彪

2021 年夏

凡例
FANLI

- ◎ 本书介绍的内容以机制银圆为主，各类金币、镍币、铝币及其他材质钱币为辅；另外加上银模金打及其他各种材质试样、造币厂异配等，凡逾1 800枚。

- ◎ 本书旨在提供一本大纲式、简单实用的工具书，同时尽可能选用打制清晰、文字深峻、图案精美之银圆图片，使本书兼具鉴赏价值。

- ◎ 本书各章编排顺序，依照近代中国各地采用机器制造银圆的时间之先后。一章之下，按面值大小、生产时间归大类，同时配以细部放大图，便于读者分清和理解前后版别演变过程。四川、江南、北洋、吉林、西藏、新疆多地银圆版式众多，亦已单独成书出版，故本书择其大类大版介绍。

- ◎ 本书为了方便读者查询，每章之下，按面值由大到小，将纷繁的面值以近代通行的"圆、角、分"体系予以归大类，如库平七钱二分归在一圆（$1）、库平三钱六分归在五角（50C）、库平一钱四分四厘归在二角（20C），其余依次类推。书中所列银圆均一币双图，图下配编号和简单说明。编号由银圆背面英文省名的首字母加数字组成，如广东省英文KWANG-TUNG，那么，广东清代银圆一圆（$1）的编号为KT.1，若该种一圆尚有细版，则标记KT.1.1、KT.1.2，等等。广东民国时期制币为KTR。

- ◎ 本书将钱币之品相分为四个等级。近年藏家十分重视品相，故各等级之市场价格差异较大。每枚钱币按四个品相等级的最低标准标注相应的市场参考价。例如，"近未使用"等级以AU50为最低标准。未明确标注某等级价格者，说明目前尚未发现该类品相或无成交价。收藏者对品相的认识差异是存在的，同样是"未使用"的品

凡例

相，却有深打和弱打之分，有原光、粉光和包浆之别，所以价格是相对的。另外，价格也受钱币名气、市场偏好和区域影响而又有所不同。近年来银圆价格波动很大，定价困难，钱币价格本无一定，本书所列价格仅供参考。

◎ 本书为方便国内藏家同好，所标参考价单位为人民币元。

◎ 本书中有部分人像纪念币、纪念币虽无面值，但其大小、重量等同于流通币，为了方便划分，一并归入相对应省份，不单独列出。

◎ 本书不列伪造币、臆造币、私版币、代用币、奖章、奖牌等。

◎ 本书钱币材质未标明者，皆为银质。边道未标明者，皆为齿边。为了能更清晰直观展示，除标有"非原大"字样的图片，钱币尺寸皆为原大。

◎ 本书图片，部分系笔者亲手拍摄，部分得自他处，由于版面有限，所有图片不一一币下署名，在后记中会列出提供单位及个人。

◎ 机制币的尺寸和重量均有一定规格，按常见"袁大头"为例，其尺寸和重量在此给出一个平均数，以供参考。一圆：直径39毫米、重量27克。五角：直径31.5毫米、重量13.5克。二角：直径23毫米、重量5.3克。一角：直径18.5毫米、重量2.7克。

◎ 中国人民银行1955年后发行的镍币、铝币、金银纪念币，不列入本书范畴，详见其他专书。

笔者个人见识及经验有限，编著时疏漏或错误难免，望方家予指正是幸。

目录
MULU

- 001 · 01 广东省造 (KT)
  KWANGTUNG PROVINCE
- 013 · 02 湖北省造 (HP)
  HUPEH PROVINCE
- 021 · 03 台湾省造 (TW)
  TAIWAN PROVINCE
- 029 · 04 福建省造 (FK)
  FOOKIEN PROVINCE
- 039 · 05 浙江省造 (CK)
  CHEKIANG PROVINCE
- 047 · 06 北洋造 (PY)
  PEIYANG
- 057 · 07 吉林省造 (KR)
  KIRIN PROVINCE
- 077 · 08 安徽省造 (AH)
  ANHWEI PROVINCE
- 083 · 09 奉天省造 (FT)
  FENGTIEN PROVINCE
- 091 · 10 湖南省造 (HN)
  HUNNAN PROVINCE
- 097 · 11 江南省造 (KN)
  KIANGNAN PROVINCE
- 113 · 12 陕西省造 (SES)
  SHENSI PROVINCE
- 115 · 13 黑龙江省造 (HLK)
  HEILUNGKIANG PROVINCE
- 117 · 14 四川省造 (SC)
  SZECHUEN PROVINCE
- 135 · 15 京局造 (PK)
  PEKING (THE IMPERIAL CITY)
- 139 · 16 东三省造 (MCR)
  MANCHURIAN PROVINCE
- 143 · 17 云南省造 (YN)
  YUNNAN PROVINCE
- 151 · 18 山西省造 (SS)
  SHANSI PROVINCE

目录

MULU

- *153* · **19 广西省造** (KS)
  KWANGSI PROVINCE
- *159* · **20 贵州省造** (KC)
  KWEICHOW PROVINCE
- *165* · **21 山东省造** (ST)
  SHANTUNG PROVINCE
- *169* · **22 甘肃省造** (KSU)
  KANSU PROVINCE
- *171* · **23 上海造** (SH)
  SHANGHAI
- *175* · **24 香港造** (HK)
  HONG KONG
- *179* · **25 新疆省造** (SK)
  SINKIANG PROVINCE

- *213* · **26 西藏造** (TB)
  TIBET
- *237* · **27 大清中央造** (CE)
  CHINA EMPIRE
- *257* · **28 民国中央造** (RC)
  REPUBLIC OF CHINA
- *331* · **29 伪政府造** (PDR)
  PSEUDO REGIME
- *345* · **30 苏维埃革命根据地造** (CSR)
  CHINESE SOVIET REPUBLIC
- *349* · **31 造币厂异配** (MS)
  MINT SPECIAL

01
广东省造
KWANGTUNG PROVINCE

（KT）

广东位于南岭以南，南海之滨，与香港、澳门、广西、湖南、江西及福建接壤，与海南隔海相望。明代置省，因古地名广信之东，故名"广东"，亦称百越或南粤，越与粤通，简称"粤"。面积 17.97 万平方公里，清宣统年间人口 2 370 万人。

光绪十三年（1887 年）两广总督张之洞奏请以新法制造银铜钱币，勘地建厂命名"广东钱局"，并从英国伯明翰喜敦工厂（Heaton Mint，后改名伯明翰造币厂 Birmingham Mint）购买全套设备，银铜币模亦均委托喜敦厂办理。光绪十五年（1889 年）开工，广东成为中国最早以专用造币机器设厂生产仿西式钱币的省份，广东钱局遂为中国机制银圆*的摇篮。

粤厂规模宏大，惟因交易习惯，产出以贰毫银币为主。在各地设厂、造币权收归中央的趋势下角色渐渐弱化。币制整顿时归天津造币总厂管辖改名广州分厂，未领到宣三币模仍生产旧版。辛亥革命成功后在新国币形式未定之时，仿香港及南洋银角制作民国年号的"贰毫银币"、"壹毫银币"及"壹仙铜币"。至 1931 年 9 月广东省政府下令关闭前，壹毫计有五个年份、贰毫有十五个年份，绝大部分为双毫。1917 年生产袁像壹圆，为期仅一年。随南北对立广东自主，财政部无法有效控制，营运始终未能正常。1949 年（民国三十八年）初金圆券崩盘恢复银本位制时，曾在广州及海南海口两地短暂生产银圆。

1918 年，粤厂造"民国八年伍仙镍币"经民众拒用而改充军饷。1921 年（民国十年）缩小尺寸改"半毫镍币"，1923 年再改年份并恢复原设计形式继续发行，三者虽外径有别但重量相差不大。由于接受度低，曾强迫商会收购。近来发现"民国七年"版伍仙镍币，较标准厚重，显然是样币。

---

*编辑注：银圆泛指近代圆形的银币，一般为机制；特指重 26.7 克左右的"一圆"银币，亦省作银元。由银圆一词派生出的货币单位"圆"，亦省作元。

清代

光绪元宝库平重壹两（一两，Tael）

Tael KT.1.1 无纪年（1894）寿字壹两，阳翼蝙蝠

Tael KT.1.2 无纪年（1894）寿字壹两，阳翼蝙蝠，单面厚坯铅样

Tael KT.2 无纪年（1894）寿字壹两，阴翼蝙蝠

面值	编号	普品	极美	近未使用	未使用
Tael	KT.1.1				无定价
Tael	KT.1.2		无定价		
Tael	KT.2				无定价

光绪元宝库平七钱三分（一圆，$1）

$1 KT.1.1 无纪年（1888）七三反版，雕刻师留样，光边加厚

$1 KT.1.2 无纪年（1888）七三反版，雕刻师留样，光边加厚，红铜试样

$1 KT.1.3 无纪年（1888）七三反版，英国伯明翰厂样币，光边

七三反版

最初所造主币每枚重七钱三分，正面为"光绪元宝"四字，外圈英文，背面有蟠龙、"库平七钱三分"字样。本意是比外国银圆重一分以抵制之，但因分量稍重反被囤积私熔。后减重与外国银圆一致，将原喜敦币模在粤局改成七钱二分，后又因洋文环绕大清皇帝年号不合体统之故，将英文移至龙面而将"广东省造"、"库平七钱二分"字样移至正面，与"光绪元宝"同列，并在次年批量投产。初造者俗称"七三反版"与"七二反版"。

$1 KT.2.1 无纪年（1889）七三反版

$1 KT.2.2 无纪年（1889）七三反版，红铜试样

面值	编号	普品	极美	近未使用	未使用	面值	编号	普品	极美	近未使用	未使用
$1	KT.1.1				无定价	$1	KT.1.2				无定价
$1	KT.1.3				无定价						
$1	KT.2.1			100 万	200 万+	$1	KT.2.2				200 万+

光绪元宝库平七钱二分（一圆，$1）

$1 KT.3.1 无纪年（1890）七二反版　　　　　　　$1 KT.3.2 无纪年（1890）七二反版，红铜试样

$1 KT.4.1 无纪年（1890）喜敦版，样币，2后点　　$1 KT.4.2 无纪年（1890）喜敦版，样币

$1 KT.4.3 无纪年（1890）喜敦版　　　　　　　　$1 KT.5.1 无纪年（1890），样币

面值	编号	普品	极美	近未使用	未使用	面值	编号	普品	极美	近未使用	未使用
$1	KT.3.1			150万	300万+	$1	KT.3.2				250万+
$1	KT.4.1				80万+	$1	KT.4.2				40万+
$1	KT.4.3		1万	2.5万	5万+	$1	KT.5.1				无定价

宣统元宝库平七钱二分（一圆，$1）

$1 KT.5.2 无纪年（1890） $1 KT.6 无纪年（1909）

光绪元宝库平三钱六分五厘（五角，50C）

50C KT.1.1 无纪年（1888）七三反版，雕刻师留样，光边加厚　　　50C KT.1.2 无纪年（1888）七三反版，雕刻师留样，光边加厚，红铜试样

50C KT.1.3 无纪年（1888）七三反版，英国伯明翰厂样币

面值	编号	普品	极美	近未使用	未使用	面值	编号	普品	极美	近未使用	未使用
$1	KT.5.2	3 500	6 000	9 000	3万+	$1	KT.6	3 000	5 000	8 000	2万+
50C	KT.1.1				无定价	50C	KT.1.2				无定价
50C	KT.1.3				无定价						

50C KT.2.1 无纪年（1889）七三反版　　　　　　50C KT.2.2 无纪年（1889）七三反版，红铜试样

光绪元宝库平三钱六分（五角，50C）

50C KT.3.1 无纪年（1890）七二反版　　　　　　50C KT.3.2 无纪年（1890）七二反版，红铜试样

50C KT.4.1 无纪年（1890），样币　　　　　　　50C KT.4.2 无纪年（1890）

光绪元宝库平一钱四分六厘（二角，20C）

20C KT.1.1 无纪年（1888）七三反版，雕刻师留样，　　20C KT.1.2 无纪年（1888）七三反版，雕刻师留样，
　　　　　光边加厚　　　　　　　　　　　　　　　　　　　　　　光边加厚，红铜试样

面值	编号	普品	极美	近未使用	未使用	面值	编号	普品	极美	近未使用	未使用
50C	KT.2.1			40万	60万+	50C	KT.2.2				无定价
50C	KT.3.1			80万	150万+	50C	KT.3.2				无定价
50C	KT.4.1				50万+	50C	KT.4.2		5 000	1万	3万+
20C	KT.1.1				无定价	20C	KT.1.2				无定价

20C KT.1.3 无纪年（1888）七三反版，英国伯明翰厂样币　　　20C KT.2.1 无纪年（1889）七三反版

―― 光绪元宝库平一钱四分四厘（二角，20C）――

20C KT.2.2 无纪年（1889）七三反版，红铜试样　　　20C KT.3 无纪年（1890）七二反版

20C KT.4.1 无纪年（1890），样币　　　　　　　　　普通　　　　挑光

20C KT.4.2 无纪年（1890）　　　　　　　　　　　20C KT.4.3 无纪年（1890），挑光

面值	编号	普品	极美	近未使用	未使用	面值	编号	普品	极美	近未使用	未使用
20C	KT.1.3				无定价	20C	KT.2.1				30万+
20C	KT.2.2				15万+	20C	KT.3			20万+	
20C	KT.4.1				20万+						
20C	KT.4.2		500	1 500	5 000+	20C	KT.4.3			5 000	1万+

宣统元宝库平一钱四分四厘（二角，20C）

20C KT.5 无纪年（1909）

光绪元宝库平七分三厘（一角，10C）

10C KT.1.1 无纪年（1888）七三反版，雕刻师留样，光边加厚   10C KT.1.2 无纪年（1888）七三反版，雕刻师留样，光边加厚，红铜试样

10C KT.1.3 无纪年（1888）七三反版，英国伯明翰厂样币   10C KT.2.1 无纪年（1889）七三反版

光绪元宝库平七分二厘（一角，10C）

10C KT.2.2 无纪年（1889）七三反版，红铜试样   10C KT.3 无纪年（1890）七二反版

面值	编号	普品	极美	近未使用	未使用	面值	编号	普品	极美	近未使用	未使用
20C	KT.5		400	1 200	4 000+						
10C	KT.1.1				无定价	10C	KT.1.2				无定价
10C	KT.1.3				无定价	10C	KT.2.1			5 万	10 万+
10C	KT.2.2				30 万+	10C	KT.3			15 万	30 万+

10C KT.4.1 无纪年（1890），样币　　　　　　　　10C KT.4.2 无纪年（1890）

10C KT.4.3 无纪年（1890），鎏金

光绪元宝库平三分六厘五（五分，5C）　　　光绪元宝库平三分六厘（五分，5C）

5C KT.1 无纪年（1889）七三反版　　　　　　　5C KT.2 无纪年（1890）七二反版

5C KT.3.1 无纪年（1890），样币　　　　　　　　5C KT.3.2 无纪年（1890）

面值	编号	普品	极美	近未使用	未使用	面值	编号	普品	极美	近未使用	未使用
10C	KT.4.1				8万+	10C	KT.4.2		300	1 500	3 000+
10C	KT.4.3			无定价							
5C	KT.1				20万+	5C	KT.2				30万+
5C	KT.3.1				10万+	5C	KT.3.2		800	3 000	8 000+

民国时期

贰毫（二角，20C）

20C KTR.1 民国元年（1912）

20C KTR.2 民国二年（1913）

20C KTR.3 民国三年（1914）

20C KTR.4 民国四年（1915）

20C KTR.5 民国七年（1918）

20C KTR.6 民国八年（1919）

20C KTR.7 民国九年（1920）

20C KTR.8 民国十年（1921）

面值	编号	普品	极美	近未使用	未使用	面值	编号	普品	极美	近未使用	未使用
20C	KTR.1		200	800	2 000+	20C	KTR.2		100	300	1 000+
20C	KTR.3		100	300	1 000+	20C	KTR.4		2 000	5 000	1万+
20C	KTR.5		100	300	1 000+	20C	KTR.6		100	300	1 000+
20C	KTR.7		100	300	1 000+	20C	KTR.8		100	300	1 000+

20C KTR.9 民国十一年（1922）　　　　　　20C KTR.10 民国十二年（1923）

20C KTR.11.1 民国十三年（1924）　　　　20C KTR.11.2 民国十三年（1924）孙中山像

20C KTR.12 民国十七年（1928）　　　　　20C KTR.13 民国十八年（1929）

壹毫（一角，10C）

20C KTR.14 民国十九年（1930），样币　　10C KTR.1 民国元年（1912），样币

面值	编号	普品	极美	近未使用	未使用	面值	编号	普品	极美	近未使用	未使用
20C	KTR.9		100	300	1 000+	20C	KTR.10		100	300	1 000+
20C	KTR.11.1		100	300	1 000+	20C	KTR.11.2				2万+
20C	KTR.12			1万	3万+	20C	KTR.13		150	400	1 500+
20C	KTR.14				无定价	10C	KTR.1				无定价

10C KTR.2 民国二年（1913）

10C KTR.3 民国三年（1914）

10C KTR.4 民国十一年（1922）

10C KTR.5 民国十八年（1929）

伍仙、半毫镍币（五分，5C）

5C KTR.1 民国七年（1918），厚坯试样

5C KTR.2 民国八年（1919）

5C KTR.3 民国十年（1921）

5C KTR.4 民国十二年（1923）

面值	编号	普品	极美	近未使用	未使用	面值	编号	普品	极美	近未使用	未使用
10C	KTR.2		800	2 000	5 000+	10C	KTR.3		800	2 000	5 000+
10C	KTR.4		1 200	3 000	8 000+	10C	KTR.5		200	500	2 000+
5C	KTR.1		无定价			5C	KTR.2			300	1 500+
5C	KTR.3		300	600	2 000+	5C	KTR.4			300	1 500+

02

湖北省造

HUPEH PROVINCE

（HP）

　　湖北地处中国中部地区，因位于洞庭湖之北得省名，其东邻安徽，西连重庆，西北与陕西接壤，南接江西、湖南、北与河南毗邻。部分地方古代为鄂州，简称"鄂"。全省面积18.59万平方公里，清宣统年间人口2 126万人。

　　张之洞调任湖广总督后以在粤省办厂有成，于光绪十九年（1893年）奏请援广东成案在鄂制造银币。光绪二十一年（1895年）银圆局在武昌建成开工，仿广东样式制作大小五种面额的银币，湖北成为中国第二个正式设立机器造币厂的省份。三年后添购设备，在宝武局旧址生产机制方孔一文铜钱。

　　圆两之争期间，张之洞在光绪三十年（1904年）以"为体验官民行用情形，藉资考核"奏请在湖北试制一两银币，若试办有效即作为全国银币平色之准则，该币是最早刊有"大清银币"字样的银币，模具由日本大阪造币厂制作。光绪三十年十二月（1905年1月）湖北银圆局改名银币局并开始制作此双龙图案的一两新币。

　　民国建立时，黎元洪湖北都督当选副总统后，武昌造币厂发行由该厂雕刻师朱子芳制模的黎像"开国纪念币"壹圆。

　　武汉地区计有机器造币厂三座，最早的是湖北银圆局，后兼造铜元，光绪二十八年（1902年）新建湖北铜元局，财政整顿时改为武昌造币分厂。光绪三十一年（1905年）汉阳兵工厂附设铜币局，次年停办。民国时期，武昌造币分厂收归财政部，抗战爆发后由中央造币厂接管，1938年武汉会战时撤离，停办。

清代

大清银币库平一两（Tael）

Tael HP.1.1 光绪三十年（1904），小字

Tael HP.1.2 光绪三十年（1904），小字，红铜试样

Tael HP.2.1 光绪三十年（1904），大字

面值	编号	普品	极美	近未使用	未使用
Tael	HP.1.1	10万	20万	30万	80万+
Tael	HP.1.2			无定价	
Tael	HP.2.1		40万	80万	150万+

Tael HP.2.2 光绪三十年（1904），大字，红铜试样

Tael HP.2.3 光绪三十年（1904），大字，黄铜试样

遭抵制而陆续收回的湖北两制币

因各地通行七钱二分银圆，两制币没有使用上的便利反增加困扰。其次各地平砝不一，要折算才能使用。据英国驻汉口商务领事报告称：成色87.7%，比等重的七钱二分银币含银低，不受商民欢迎，后陆续收回。

面值	编号	普品	极美	近未使用	未使用
Tael	HP.2.2				无定价
Tael	HP.2.3				无定价

光绪元宝库平七钱二分（一圆，$1）

$1 HP.1.1 无纪年（1895）　　　　　　　　　　$1 HP.1.2 无纪年（1895），红铜试样

$1 HP.2.1 无纪年（1896）本省，全 S

湖北"本省"银圆

光绪二十二年为推广银圆的使用与间接抵制外地所造银洋，同时抑制银钱的兑价，湖北发行了加字"本省"银圆，规定商民完税及公款必须以此缴纳，但银贱钱贵，民众不愿配合；充当军饷发放的也很快回笼，迅速退出流通回炉销毁，留存至今者寥寥无几。"本省"银圆非开制时发行，目前仅见七钱二分、一钱四分四厘及七分二厘三种，为流通银圆之大名誉品。

$1 HP.2.2 无纪年（1896）本省，断 S

全 S　　　　　　本省　　　　　　断 S

面值	编号	普品	极美	近未使用	未使用
$1	HP.1.1	1 500	3 000	5 000	3万+
$1	HP.2.1				无定价
$1	HP.2.2	150万	300万	500万	无定价

面值	编号	普品	极美	近未使用	未使用
$1	HP.1.2				80万+

宣统元宝库平七钱二分（一圆，$1）

$1 HP.3.1 无纪年（1909） $1 HP.3.2 无纪年（1909），中带点

$1 HP.3.3 无纪年（1909），火珠阳旋   中带点   普通   火珠阳旋

光绪元宝库平三钱六分（五角，50C）

50C HP.1.1 无纪年（1895）   50C HP.1.2 无纪年（1895），红铜试样

面值	编号	普品	极美	近未使用	未使用	面值	编号	普品	极美	近未使用	未使用
$1	HP.3.1	1 500	3 000	5 000	3万+	$1	HP.3.2	2 000	4 000	6 000	4万+
$1	HP.3.3	2 000	4 000	6 000	4万+						
50C	HP.1.1	4 000	8 000	1.2万	8万+	50C	HP.1.2				40万+

光绪元宝库平一钱四分四厘（二角，20C）

20C HP.1.1 无纪年（1895）

20C HP.1.2 无纪年（1895），红铜试样

20C HP.2 无纪年（1896）本省

本省

宣统元宝库平一钱四分四厘（二角，20C）

20C HP.3 无纪年（1909）

湖北省造"宣统元宝"

湖北省造"宣统元宝"只有七钱二分、一钱四分四厘及七分二厘面额三种，以一钱四分四厘最为少见。

光绪元宝库平七分二厘（一角，10C）

10C HP.1.1 无纪年（1895）

10C HP.1.2 无纪年（1895），红铜试样

面值	编号	普品	极美	近未使用	未使用	面值	编号	普品	极美	近未使用	未使用
20C	HP.1.1	200	400	800	3 000+	20C	HP.1.2				20万+
20C	HP.2			无定价							
20C	HP.3	25万	50万	80万+							
10C	HP.1.1	100	200	400	2 000+	10C	HP.1.2				20万+

10C HP.2 无纪年（1896）本省　　　　　　　　本省

宣统元宝库平七分二厘（一角，10C）

10C HP.3 无纪年（1909）

大清银币壹角（一角，10C）

10C HP.4 宣统三年（1911），镍试样

"湖北省造"宣统三年壹角银币镍样
清政府整顿时裁撤各省造币厂，保留鄂、粤、川、滇四处为分厂，存世有"湖北省造"的宣统三年壹角银币镍样，极为稀少。

光绪元宝库平三分六厘（五分，5C）

5C HP.1.1 无纪年（1895）　　　　　　5C HP.1.2 无纪年（1895），红铜试样

面值	编号	普品	极美	近未使用	未使用	面值	编号	普品	极美	近未使用	未使用
10C	HP.2		10万	25万	35万+						
10C	HP.3			20万	30万+						
10C	HP.4			150万	250万+						
5C	HP.1.1		5 000	1万	3万+	5C	HP.1.2				25万+

民国时期

贰角（二角，20C）

20C HPR.1 民国九年（1920），袁像鄂造

"鄂造"贰角银币

民国肇建，《国币条例》颁布袁世凯肖像的壹圆新国币，鄂厂获颁祖模后在1916年投产，生产至1923年止。其间制作袁像"民国九年""鄂造"贰角银币，少见。另无省名的"中华民国五分"镍币，过去坊间一直认为湖北造实属津浦铁路专用，见本书民国中央造部分。

面值	编号	普品	极美	近未使用	未使用	面值	编号	普品	极美	近未使用	未使用
20C	HPR.1		1.5万	4万	8万+						

03

台湾省造

TAIWAN PROVINCE

(TW)

　　台湾，地处大陆东南海域的岛屿，西隔台湾海峡与福建相望，东临太平洋，是中国领土不可分割的一部分。台湾古称夷州，元朝时在澎湖设巡检司管理台澎，隶属福建。清康熙年设台湾府，属福建省，光绪十一年（1885年）置省。甲午战败后，清政府被迫签订《马关条约》将台湾割让日本，抗战胜利后回归中国。台湾省面积3.6万平方公里，清光绪末年人口约300万人。

　　对外的接触频繁使沿海地区较早引进各式西方银圆，台湾称之"番银"。清中叶国势渐弱，鸦片进口造成贸易逆差，白银外流。为市面流通及盗匪滋事应变之用，台湾府在道光十八年（1838年）以土法仿番银制造正面寿星、背面三足鼎炉图案之重七钱二分的官府银币，俗称"老公银"。发行后期的重量降至六钱八分。约咸丰三年（1853年），为应付本地的动乱而发行"如意"与"笔宝"银饼，取代减重版的六八老公银。三种银饼多数送进了熔炉以至于今日存世无几，老公银发行时间长，数量较多。早期民众顾虑银币有伪或夹铅锡，常打戳鉴真，故银饼存世者都有戳记。

　　中法战争期间（1883年底—1885年初），台湾战区军火需靠大陆供应。因此战后张之洞为台湾代购制造枪弹机器一套，在台北府城北门外设置机器局，光绪十二年（1886年）完工，这是台湾有近代化工厂之始。广东于光绪十六年（1890年）量产银币后，部分经淡水港进入台湾流通。台湾何时开始制造银币尚未见诸官方文献。据报载，光绪十九年（1893年）台湾官府开始使用造弹壳机器自制"二角"与"一角"银币，分"台省制造"及"台湾制造"两大版式，币面均无满文。前者没有"五分"，"二角"为大名誉品，极罕见；后者没有"二角"，"一角"较多，"五分"也少见。抗战胜利后，台湾光复，发行孙像"民国三十八年"版五角面额一种。

清代

谨慎军饷（一圆，$1）

$1 TW.1.1 无纪年（1836），四点花　　　　　　$1 TW.1.2 无纪年（1836），四点花/S

$1 TW.1.3 无纪年（1836），四点花扁体　　　　四点花　　五点花　　六点花

$1 TW.1.4 无纪年（1836），五点花　　　　　　$1 TW.1.5 无纪年（1836），六点花

面值	编号	普品	极美	近未使用	未使用	面值	编号	普品	极美	近未使用	未使用
$1	TW.1.1		25万+			$1	TW.1.2		35万+		
$1	TW.1.3		30万+								
$1	TW.1.4		35万+			$1	TW.1.5		40万+		

老公银（一圆，$1）

$1 TW.2 无纪年（1838），大清国宝

$1 TW.3.1 无纪年（1838），"+"符号

$1 TW.3.2 无纪年（1838），卍字

面值	编号	普品	极美	近未使用	未使用
$1	TW.2			无定价	
$1	TW.3.1		15万	25万+	
$1	TW.3.2		15万	25万+	

$1 TW.3.3 无纪年（1838），二癸

$1 TW.3.4 无纪年（1838），癸二

$1 TW.3.5 无纪年（1838），官局

面值	编号	普品	极美	近未使用	未使用
$1	TW.3.3		20万+		
$1	TW.3.4		25万+		
$1	TW.3.5		30万+		

$1 TW.3.6 无纪年（1841），官局成记

如意军饷（一圆，$1）

$1 TW.4 无纪年（1853）

笔宝军饷（一圆，$1）

$1 TW.5.1 无纪年（1853），粮

面值	编号	普品	极美	近未使用	未使用
$1	TW.3.6		35万+		
$1	TW.4		50万	80万+	
$1	TW.5.1		50万	80万+	

$1 TW.5.2 无纪年（1853），库

嘉义县诰老公银（一圆，$1）

$1 TW.6 无纪年（1861），大字

光绪元宝库平一钱四分四厘（二角，20C）

20C TW.1 无纪年（1893）台省制造

"台省制造"与"台湾制造"银角

台湾何时开始制造银币尚未见诸官方文献。据报载，光绪十九年（1893年）台湾官府开始使用造弹壳机器自制"二角"与"一角"银币。光绪二十一年三月（1895年4月）清政府被迫签订《马关条约》，台湾割让给日本，银角生产时间不及两年，产量有限。分"台省制造"及"台湾制造"两大版式，币面均无满文。其中，"台省制造"的"二角"为大名誉品，目前仅见中国国家博物馆馆藏。

面值	编号	普品	极美	近未使用	未使用
$1	TW.5.2		40万+		
$1	TW.6				无定价
20C	TW.1		无定价		

光绪元宝库平七分二厘（一角，10C）

10C TW.1 无纪年（1893）台省制造　　　　　　普通　　　　八字分

10C TW.2.1 无纪年（1894）台湾制造　　　　10C TW.2.2 无纪年（1894）台湾制造，八字分

光绪元宝库平三分六厘（五分，5C）

5C TW.1 无纪年（1894）台湾制造

民国时期

壹圆（一圆，$1）　　　　　　　　　伍角（五角，50C）

$1 TWR.1 民国三十八年（1949），台湾省，样币　　50C TWR.1 民国三十八年（1949），台湾省

面值	编号	普品	极美	近未使用	未使用	面值	编号	普品	极美	近未使用	未使用
10C	TW.1		2万	4万							
10C	TW.2.1		1万	2.5万		10C	TW.2.2		1.2万	2.8万	
5C	TW.1		4万	8万							
$1	TWR.1				5万+	50C	TWR.1			500	1 000+

04

福建省造

FOOKIEN PROVINCE

（FK）

福建位于东南沿海，与台湾省隔海峡相望，与广东、江西、浙江等省毗邻。唐代置省时取境内福州、建州（建瓯）两府首字命名，古为闽越族聚居地，故简称"闽"。面积12.4万平方公里，清宣统年间全省人口855万人。

闽省滨海对外贸易频繁，明末即收受成色、重量划一的西方银币。"漳州军饷"是大陆地区最早仿西式洋钱制作的银货，具有重要历史及收藏的价值。据史料记载，道光二十四年（1844年）制作于漳州，初时重七钱四分，随即减重15%，不久完全退出流通。

广东省设厂造币量产后，因银角使用方便适合小额交易，故粤省小毫也流入并通行于福建。福州乡绅以外省货币往返不便为由，经批准开设商办银圆局，光绪二十年至二十六年（1894—1900年）间仿广东银毫样式制作"福建省造"二角、一角及五分型银币。随即户部取消了官督民办由商人造币，转而在光绪二十八年（1902年）改官办发行"福建官局造"的各类银角，产量甚巨，七钱二分主币极罕见，为旧时泉家最珍视的藏品之一。

福建的官办造币厂计三处，依次是清光绪二十八年（1902年）福州南台苍霞洲的商办银圆局旧址基础上开设兼造铜币的"南局"；光绪三十年（1904年）在船政局内造铜元、俗称"东局"的闽海关铜币局；光绪三十一年（1905年）在洪山桥机器局内开办、专造铜元的"西局"。民国成立后，厦门有商办、沙县及湄州有军办的造币厂，各地军阀亦在漳州、延平、龙溪等处设厂制造不明版式以牟取暴利为目的之劣质银角。

清末闽省当地流通的大圆银币，以外洋输入者为主。辛亥革命后，袁像币的发行使国币渐成主流；因初期政局不稳，被裁撤的各厂趁机复工。据官方文献记载，民国时期福建所造银币仅贰毫（二角）及壹毫（一角）两种。

清代

漳州军饷（一圆，$1）

$1 FK.1.1 无纪年（1844），大字

$1 FK.1.2 无纪年（1844），小字

光绪元宝库平七钱二分（一圆，$1）

$1 FK.2 无纪年（1899）官局造

面值	编号	普品	极美	近未使用	未使用
$1	FK.1.1			15万	30万+
$1	FK.1.2			15万	30万+
$1	FK.2			无定价	

光绪元宝库平一钱四分四厘（二角，20C）

20C FK.1.1 无纪年（1894）省造，小龙

20C FK.1.2 无纪年（1894）省造，大龙

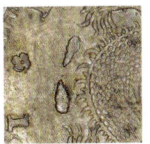 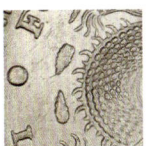

十字星　　　点星

20C FK.2.1 无纪年（1902）官局造，十字星

20C FK.2.2 无纪年（1902）官局造，十字星，合背

20C FK.3.1 无纪年（1902）官局造，点星

20C FK.3.2 无纪年（1902）官局造，点星，金

20C FK.3.3 无纪年（1902）官局造，点星，红铜试样

面值	编号	普品	极美	近未使用	未使用
20C	FK.1.1		800	3 000	1.5 万+
20C	FK.2.2			8 万+	
20C	FK.3.2			无定价	

面值	编号	普品	极美	近未使用	未使用
20C	FK.1.2		8 000	1.5 万	3 万+
20C	FK.2.1		800	2 000	1.2 万+
20C	FK.3.1		800	2 000	1.2 万+
20C	FK.3.3			8 万+	

20C FK.3.4 无纪年（1902）官局造，点星，合背　　　　20C FK.3.5 无纪年（1902）官局造，点星，合背，红铜

光绪元宝库平七分二厘（一角，10C）

10C FK.1.1 无纪年（1894）省造，小龙　　　　10C FK.1.2 无纪年（1894）省造，大龙

10C FK.2 无纪年（1902）官局造，十字星　　　　十字星　　　点星

10C FK.3.1 无纪年（1902）官局造，点星　　　　10C FK.3.2 无纪年（1902）官局造，点星，金

面值	编号	普品	极美	近未使用	未使用	面值	编号	普品	极美	近未使用	未使用
20C	FK.3.4			15万+		20C	FK.3.5			12万+	
10C	FK.1.1		500	1 200	6 000+	10C	FK.1.2		3 000	5 000	1.5万+
10C	FK.2		800	2 000	8 000+						
10C	FK.3.1		800	2 000	8 000+	10C	FK.3.2				无定价

10C FK.3.3 无纪年（1902）官局造，点星，合背

10C FK.3.4 无纪年（1902）官局造，点星，合背，红铜

光绪元宝库平三分六厘（五分，5C）

5C FK.1.1 无纪年（1894）省造

5C FK.1.2 无纪年（1894）省造，三花

5C FK.2.1 无纪年（1902）官局造

5C FK.2.2 无纪年（1902）官局造，合背

民国时期

贰毫、贰角（二角，20C）

20C FKR.1 无纪年（1912）中华元宝民国纪念币

民国时期闽省流通纪念币

民国时期福建所造银币仅面值贰毫（二角）及壹毫（一角）两种，分为流通币与流通纪念币两大类。流通纪念币有"中华元宝民国纪念币"、"革命军东路总指挥入闽纪念币"、"革命军北伐胜利纪念币"、"总理纪念币"、"黄花岗纪念币"五种。

面值	编号	普品	极美	近未使用	未使用	面值	编号	普品	极美	近未使用	未使用
10C	FK.3.3			12万+		10C	FK.3.4				10万+
5C	FK.1.1		500	1 200	6 000+	5C	FK.1.2		5万		
5C	FK.2.1		1 000	2 500	1万+	5C	FK.2.2			12万+	
20C	FKR.1		无定价								

20C FKR.2 辛亥纪年（1912）中华元宝

20C FKR.3 无纪年（1912）中华元宝

20C FKR.4 无纪年（1913）贰毫银币

民国时期闽省流通币

辛亥"福建都督局造中华元宝""二角"，简称"中心闽"或"十八星"；"福建银币厂造中华元宝"贰毫及壹毫，简称"双旗"；民国十二年"福建银币厂造中华癸亥"贰角银毫，简称"中华癸亥"。"福建官局造"贰毫及壹毫可能是民国初年革命时都督府设立之初，急于筹款下投产，故沿用前清造币机构"福建官局造"名称，仿广东银角样式制造发行。以上皆为流通币。

20C FKR.5.1 中华癸亥（1923），五角星

20C FKR.5.2 中华癸亥（1923）

20C FKR.6.1 民国甲子（1924），癸亥旗

20C FKR.6.2 民国甲子（1924）

面值	编号	普品	极美	近未使用	未使用	面值	编号	普品	极美	近未使用	未使用
20C	FKR.2		3 000	5 000	1.5 万+	20C	FKR.3		1 000	2 000	6 000+
20C	FKR.4		800	1 500	5 000+						
20C	FKR.5.1		2 000	5 000	1.5 万+	20C	FKR.5.2		800	1 500	5 000+
20C	FKR.6.1		1 000	2 000	6 000+	20C	FKR.6.2		800	1 500	5 000+

两种低银流通币

甲子是1924年,"民国甲子""二角"及"一角"为翌年岁次乙丑之1925年所造,将岁次提前的意图乃使民众误以为已畅行市面而收用,但实际仍因质劣量大而被钱庄拒收,翌年停产;"民国十三年福建省造"贰毫、背面"20"及英文,以面文误导民众错认是省政府造币厂出品。成色甚低,表面常现出铜色。以上两种亦为流通币。

20C FKR.7 民国十三年(1924)贰毫银币

20C FKR.8 民国十六年(1927)总理纪念币,侧面像

20C FKR.9 民国十六年(1927)总理纪念币,正面像

20C FKR.10 民国十六年(1927)入闽纪念

四种不常见的小银币

"总理纪念币"正面像及侧面像两版三品,正面像壹角及侧面像贰角较为稀少。"民国十六年漳州制造""国民政府""革命军东路总指挥入闽纪念"贰角,罕见;"民国十六年""国民政府""革命军北伐胜利纪念"贰角,稀见。

20C FKR.11.1 民国十六年(1927)北伐胜利纪念

20C FKR.11.2 民国十六年(1927)北伐胜利纪念,无面值

面值	编号	普品	极美	近未使用	未使用
20C	FKR.8				6万+
20C	FKR.10			10万	
20C	FKR.11.1				6万+

面值	编号	普品	极美	近未使用	未使用
20C	FKR.7		3 000	6 000	1.5万+
20C	FKR.9		2 000	5 000	1.2万+
20C	FKR.11.2		无定价		

20C FKR.11.3 民国十六年（1927）北伐胜利纪念，合面　　20C FKR.11.4 民国十六年（1927）北伐胜利纪念，合背

20C FKR.12 民国十七年（1928）黄花岗纪念币　　20C FKR.13 民国二十年（1931）黄花岗纪念币

20C FKR.14 民国二十一年（1932）黄花岗纪念币

壹毫、壹角（一角，10C）

10C FKR.1 无纪年（1912）中华元宝

面值	编号	普品	极美	近未使用	未使用	面值	编号	普品	极美	近未使用	未使用
20C	FKR.11.3		10万+			20C	FKR.11.4		10万+		
20C	FKR.12		1 000	2 000	5 000+	20C	FKR.13		1 000	2 000	5 000+
20C	FKR.14		5 000	8 000	2.5万+						
10C	FKR.1		3 000	5 000	1.5万+						

  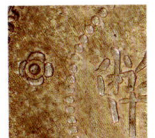 

10C FKR.2.1 无纪年（1913）壹毫银币，面背花　　　　　花　　　　星

10C FKR.2.2 无纪年（1913）壹毫银币，面背星　　　10C FKR.2.3 无纪年（1913）壹毫银币，面星背花

10C FKR.3 民国甲子（1924）

10C FKR.4 民国十六年（1927）总理纪念币

面值	编号	普品	极美	近未使用	未使用	面值	编号	普品	极美	近未使用	未使用
10C	FKR.2.1		1 000	2 000	4 000+						
10C	FKR.2.2		1 000	2 000	4 000+	10C	FKR.2.3		1 000	2 000	4 000+
10C	FKR.3		4 000	8 000	2万+						
10C	FKR.4		3 000	6 000	1.5万+						

黄花岗纪念币

"黄花岗纪念币"贰角及壹角,有民国十七年、二十年与二十一年三个年份。另有福建银毫第一珍之称的一角型无面额"纪念先烈"黄花岗纪念币。

10C FKR.5 民国十七年(1928)黄花岗纪念币,纪念先烈

10C FKR.6 民国十七年(1928)黄花岗纪念币

10C FKR.7 民国二十年(1931)黄花岗纪念币

10C FKR.8 民国二十一年(1932)黄花岗纪念币

面值	编号	普品	极美	近未使用	未使用	面值	编号	普品	极美	近未使用	未使用
10C	FKR.5			无定价		10C	FKR.7		3 000	6 000	1.2万+
10C	FKR.6		2 500	5 000	1万+						
10C	FKR.8			5万	8万+						

05
浙江省造
CHEKIANG PROVINCE

(CK)

浙江位于东海之滨，周围与上海市以及江苏、安徽、江西、福建各省为邻。明代置省，境内之钱塘江旧称浙江，省名源此，简称"浙"。浙省面积10.55万平方公里，清宣统年间全省人口1 394万人。

浙省首座正式造币厂是巡抚廖寿丰光绪二十二年底上奏、光绪二十五年（1899年）正月开工的浙江银圆局，机器与币模均来自德国，供应厂商同安徽省。德制五种面值之"二十三年浙江省造"银币模具除省名外，皆与"安徽二十三年"相同。因为机器延迟运到，而币模在光绪二十四年元月（1898年2月）才交付，年份不符未发行，有极罕见之银铜样币。二十三年版弃用后字面重刻，采用魏晋南北朝时期"魏碑"字体，因"宝"字从"尔"，亦称"尔宝"。随即清廷以各省设局过多，成色重量参差，不便商民使用为由，令浙局在同年七月停办，营运仅半年左右；其设备拆运至北京作为筹办"京局"之用。

光绪二十八年（1902年）浙省再度设局造币，向英国伯明翰造币厂购置机器与模具，同年运交。此为清代委托伯明翰厂办理龙银模具中的最后一套，也是唯一完成于20世纪的。计有七钱二分、一钱四分四厘、七分二厘及三分六厘四种，缺三钱六分。但因此时生产铜元利润丰厚倍于银币，造币厂全力赶工铜元之余无暇顾及故未投产，所见均为英国所造样币，主币除银样外另有铜质及铜镀银样币，习称"浙江楷书"，亦在中国龙银大珍之列。

光绪朝末年时浙江的造币厂皆已停摆。到了1920年（民国九年），旧铜元局经整建后生产壹圆袁像币，制额甚巨；1924年造"民国十三年"版壹毫及贰毫银币，后者仅见试样。1927年起停造袁像币，改生产孙像开国纪念币，制额亦大，1931年停办。

清代

光绪元宝库平七钱二分（一圆，$1）

$1 CK.1 光绪二十三年（1897），德国拜赫厂样币　　　　$1 CK.2 无纪年（1899）魏碑体

$1 CK.3.1 无纪年（1902）楷书体，英国伯明翰厂样币

$1 CK.3.2 无纪年（1902）楷书体，英国伯明翰厂铜镀银试样　　　　$1 CK.3.3 无纪年（1902）楷书体，英国伯明翰厂红铜试样

面值	编号	普品	极美	近未使用	未使用	面值	编号	普品	极美	近未使用	未使用
$1	CK.1				无定价	$1	CK.2		60万	120万	300万+
$1	CK.3.1				无定价						
$1	CK.3.2				无定价	$1	CK.3.3				无定价

光绪元宝库平三钱六分（五角，50C）

50C CK.1 光绪二十三年（1897），德国拜赫厂样币　　　　50C CK.2 无纪年（1899）魏碑体

光绪元宝库平一钱四分四厘（二角，20C）

20C CK.1.1 光绪二十二年（1896），简写厘，反E

最早的机制浙江银币

最早以机器制造的浙江银币是"二十二年"（1896年）版一钱四分四厘及七分二厘光绪元宝银角两种，为杭州军火机器局所造，非常罕见。因设备与技术的水平不足，产能低且质量差，错版甚多。

20C CK.1.2 光绪二十二年（1896），简写厘　　　　20C CK.1.3 光绪二十二年（1896）

20C CK.1.4 光绪二十二年（1896）新龙，CHEH　　　　20C CK.1.5 光绪二十二年（1896）新龙，CHEHK

面值	编号	普品	极美	近未使用	未使用	面值	编号	普品	极美	近未使用	未使用
50C	CK.1				无定价	50C	CK.2			50万	100万+
20C	CK.1.1		无定价								
20C	CK.1.2		无定价			20C	CK.1.3		无定价		
20C	CK.1.4		无定价			20C	CK.1.5		无定价		

20C CK.2 光绪二十三年（1897）　　　　　　　　　细鳞　　　粗鳞

20C CK.3.1 光绪二十三年（1897），德国拜赫厂样币　　20C CK.3.2 光绪二十三年（1897），德国拜赫厂黄铜试样

20C CK.4.1 无纪年（1899）魏碑体　　　　　　　20C CK.4.2 无纪年（1899）魏碑体，粗鳞

20C CK.5 无纪年（1902）楷书体，英国伯明翰厂样币

魏碑体

二十三年版弃用后字面重刻，采用魏晋南北朝时期"魏碑"字体，因"宝"字从"尔"，亦称"尔宝"。新模字面新雕去除年份标识，龙面仍然使用德国原模。魏碑体银圆未大量流通，流传于市者甚稀，小毫稍多而"半圆"及"壹圆"稀少；三分六厘之德制原模背面英文误刻为"3.2"，未更正。

面值	编号	普品	极美	近未使用	未使用	面值	编号	普品	极美	近未使用	未使用
20C	CK.2		30万+								
20C	CK.3.1				无定价	20C	CK.3.2				无定价
20C	CK.4.1		2万	3万	5万+	20C	CK.4.2		3 000	6 000	1.5万+
20C	CK.5				无定价						

光绪元宝库平七分二厘（一角，10C）

10C CK.1.1 光绪二十二年（1896），简写厘

10C CK.1.2 光绪二十二年（1896），红铜试样

10C CK.1.3 光绪二十二年（1896），小脸

10C CK.1.4 光绪二十二年（1896），红铜试样，加注销孔

10C CK.1.5 光绪二十二年（1896），大脸

10C CK.1.6 光绪二十二年（1896），大字

面值	编号	普品	极美	近未使用	未使用	面值	编号	普品	极美	近未使用	未使用
10C	CK.1.1			无定价							
10C	CK.1.2			无定价		10C	CK.1.3		15万+		
10C	CK.1.4		无定价			10C	CK.1.5		15万+		
10C	CK.1.6		无定价								

10C CK.2 光绪二十三年（1897）

10C CK.3 光绪二十三年（1897），德国拜赫厂样币

细鳞　　　粗鳞

10C CK.4.1 无纪年（1899）魏碑体

10C CK.4.2 无纪年（1899）魏碑体，粗鳞

10C CK.5 无纪年（1902）楷书体，英国伯明翰厂样币

面值	编号	普品	极美	近未使用	未使用	面值	编号	普品	极美	近未使用	未使用
10C	CK.2		无定价								
10C	CK.3				无定价						
10C	CK.4.1		2 000	6 000	2万+	10C	CK.4.2		1 000	3 000	1.2万+
10C	CK.5				无定价						

光绪元宝库平三分六厘（五分，5C）

5C CK.1.1 光绪二十三年（1897），德国拜赫厂样币　　　　长云　　三云

5C CK.1.2 光绪二十三年（1897），德国拜赫厂样币，三云　　5C CK.1.3 光绪二十三年（1897），三云，德国拜赫厂黄铜试样

5C CK.2.1 无纪年（1899）魏碑体　　　　5C CK.2.2 无纪年（1899）魏碑体，三云

5C CK.3 无纪年（1902）楷书体，英国伯明翰厂样币　　5C CK.4 无纪年（1902）楷书体，英国伯明翰厂混模试压品，黄铜

面值	编号	普品	极美	近未使用	未使用	面值	编号	普品	极美	近未使用	未使用
5C	CK.1.1				无定价						
5C	CK.1.2				无定价	5C	CK.1.3				无定价
5C	CK.2.1		2 500	6 000	2万+	5C	CK.2.2		3 000	7 000	3万+
5C	CK.3				无定价	5C	CK.4			4万+	

民国时期

贰毫（二角，20C）

20C CKR.1 民国十三年（1924），20

20C CKR.2 民国十三年（1924），双旗

壹毫（一角，10C）

10C CKR.1 民国十三年（1924）

面值	编号	普品	极美	近未使用	未使用	面值	编号	普品	极美	近未使用	未使用
20C	CKR.1			20万+							
20C	CKR.2			25万+							
10C	CKR.1		1 000	2 000	6 000+						

06
北洋造
PEIYANG

（PY）

北洋，地理上为华北沿海的渤海、黄海附近，今河北省、辽宁省、山东省。清同治九年（1870年）李鸿章担任北洋大臣，此后晚清与民国初年均以天津为中心进行政治、军事、商业、教育等活动。天津，意为天子渡口，明永乐帝在此渡河南下而得名，简称"津"，距北京120公里。直隶省（今河北省、北京市、天津市）毗连渤海，东南及南部接山东、河南两省，西倚太行山与山西为邻，西北、北部与内蒙古交界，东北与辽宁接壤，面积约21万平方公里，清宣统年间人口2 297万人。

光绪十三年（1887年）因市面钱荒，生产军火的天津机器局向英国添购设备兼造方孔制钱，后铜价上涨成本不敷而停产，这是北洋机器造币之始。光绪二十二年（1896年），改名北洋机器局的津局用原有设备制作二角、一角及半角银毫三种，另添购压印一圆及半圆机器，采用圆、角等面额，与他省计重面额不同。发行三个年份，二十五年版起改计重面额。庚子年（1900年）八国联军入侵，因北洋机器局是清军的主要兵工厂，交战之初即被摧毁，没有原地重建。

后袁世凯任直隶总督，在河北西窑洼（现天津大悲禅院旧址）另设"北洋银圆局"专事造币，光绪二十九年版北洋造七钱二分银圆即该处所出，但因生产铜元获利较高，银圆生产呈停顿状态。"北洋造"银圆有光绪三十一年一钱四分四厘、三十三年及三十四年的七钱二分。清政府整顿币制时改名"直隶户部造币北分厂"（1906年）、"度支部造币津厂"（1907年），宣统二年（1910年）裁撤，没有宣统年号的北洋银圆。虽名银圆局但产品以铜币居多，铭文"北洋"及"户部"字样的光绪铜元皆出自此处。民国成立后复工，与总厂合并，称"西厂"，专造铜元；后改炼铜处、平津修械厂材料处等。

清代

光绪元宝库平一两（Tael）

Tael PY.1.1 光绪三十三年（1907），火珠上 3 点

Tael PY.1.2 光绪三十三年（1907）

火珠上三点　　无点

面值	编号	普品	极美	近未使用	未使用
Tael	PY.1.1			300 万	500 万+
Tael	PY.1.2			300 万	500 万+

大清壹圆 (一圆, $1)

$1 PY.1 光绪二十二年（1896）

$1 PY.2.1 光绪二十三年（1897），三角眼　　　　　　　$1 PY.2.2 光绪二十三年（1897），圆眼

$1 PY.2.3 光绪二十三年（1897），圆眼大额头　　　三角眼　　圆眼　　圆眼大额头

面值	编号	普品	极美	近未使用	未使用	面值	编号	普品	极美	近未使用	未使用
$1	PY.1		8万	150万	250万+						
$1	PY.2.1		10万	25万	60万+	$1	PY.2.2		8万	20万	50万+
$1	PY.2.3		12万	30万							

$1 PY.3 光绪二十四年(1898)

光绪元宝库平七钱二分（一圆，$1）

$1 PY.4 光绪二十五年(1899)　　　　　　　　　$1 PY.5 光绪二十六年(1900)

二十五年

二十六年

二十九年

$1 PY.6.1 光绪二十九年(1903)

面值	编号	普品	极美	近未使用	未使用	面值	编号	普品	极美	近未使用	未使用
$1	PY.3		3万	8万	35万+						
$1	PY.4	8 000	5万		16万+	$1	PY.5		3万	10万	30万+
$1	PY.6.1	6 000	2.5万		12万+						

二十九年，G 后点　　　三十三年　　　三十四年

$1 PY.6.2 光绪二十九年（1903），G 后点

$1 PY.7 光绪三十三年（1903）　　　　　　　$1 PY.8.1 光绪三十四年（1908），样币

版别繁多的光绪三十四年版北洋银圆

辛亥革命爆发后清政府派兵南下镇压，调动大军须巨额现银以应付各种开销，北洋银圆的影响力随之进入江南及两湖一带。民国成立后北洋政府一度选择北洋银圆为新国币发行前过渡期间官方收付的标准，故各地币厂纷纷转而生产北洋银圆，至袁世凯像银币正式量产前停止，因此光绪三十四年版数量庞大，版别甚多。民国期间天津所造三十四年版北洋银圆由造币总厂生产。

$1 PY.8.2 光绪三十四年（1908），普 3

面值	编号	普品	极美	近未使用	未使用
$1	PY.6.2		6 000	2.5 万	12 万+
$1	PY.7		8 000	3.5 万	15 万+

面值	编号	普品	极美	近未使用	未使用
$1	PY.8.1				无定价
$1	PY.8.2		4 000	1 万	3 万+

卷 3　　　　花体 4　　　　开云、鹰洋边、T 字边

$1 PY.8.3 光绪三十四年（1908），卷 3

$1 PY.8.4 光绪三十四年（1908），花体 4　　　　$1 PY.8.5 光绪三十四年（1908），开云

$1 PY.8.6 光绪三十四年（1908），合背，红铜，鹰洋边　　　　$1 PY.8.7 光绪三十四年（1908），合背，青铜，T 字边

面值	编号	普品	极美	近未使用	未使用	面值	编号	普品	极美	近未使用	未使用
$1	PY.8.3		5 000	1.5 万	4 万+						
$1	PY.8.4		5 万	8 万	40 万+	$1	PY.8.5		1 万	2 万	10 万+
$1	PY.8.6				无定价	$1	PY.8.7				无定价

大清五角（五角，50C）

50C PY.1 光绪二十二年（1896）

二十三年　二十四年 二十三年龙　二十四年龙

50C PY.2 光绪二十三年（1897）

50C PY.3.1 光绪二十四年（1898），二十三年龙　　　　50C PY.3.2 光绪二十四年（1898）

光绪元宝库平三钱六分（五角，50C）

50C PY.4 光绪二十五年（1899）

面值	编号	普品	极美	近未使用	未使用	面值	编号	普品	极美	近未使用	未使用
50C	PY.1			80万	120万+						
50C	PY.2			20万	40万+						
50C	PY.3.1			20万	40万+	50C	PY.3.2		1.5万	15万	30万+
50C	PY.4		2万	5万	10万+						

大清二角（二角，20C）

20C PY.1.1 光绪二十二年（1896）

20C PY.1.2 光绪二十二年（1896），右卷尾　　　二十二年　　二十二年右卷尾

20C PY.2 光绪二十三年（1897）　　　　　　20C PY.3 光绪二十四年（1898）

光绪元宝库平一钱四分四厘（二角，20C）

20C PY.4 光绪二十五年（1899）　　　　　　20C PY.5 光绪二十六年（1900）

面值	编号	普品	极美	近未使用	未使用	面值	编号	普品	极美	近未使用	未使用
20C	PY.1.1			15万	30万+						
20C	PY.1.2				无定价						
20C	PY.2	1万	2万	6万+		20C	PY.3		8 000	1.5万	4万+
20C	PY.4	6 000	1.2万	3万+		20C	PY.5	2万	5万	8万+	

20C PY.6 光绪三十一年（1905）

大清一角（一角，10C）

10C PY.1 光绪二十二年（1896）

二十二年　　　二十三年　　　二十四年

10C PY.2 光绪二十三年（1897）

10C PY.3 光绪二十四年（1898）

光绪元宝库平七分二厘（一角，10C）

10C PY.4 光绪二十五年（1899）

面值	编号	普品	极美	近未使用	未使用	面值	编号	普品	极美	近未使用	未使用
20C	PY.6		1.5万	2.5万	8万+						
10C	PY.1			10万	25万+						
10C	PY.2		1万	4万	10万+	10C	PY.3		8 000	2.5万	6万+
10C	PY.4		8 000	1.6万	3万+						

大清半角（五分，5C）

5C PY.1 光绪二十二年（1896）　　　　5C PY.2.1 光绪二十三年（1897），二十二年龙

5C PY.2.2 光绪二十三年（1897）　　　　二十三年　　二十三年　　二十四年　　二十四年
　　　　　　　　　　　　　　　　　　　　二十二年龙　　　　　　二十三年龙

5C PY.3.1 光绪二十四年（1898），二十三年龙　　　　5C PY.3.2 光绪二十四年（1898）

光绪元宝库平三分六厘（五分，5C）

5C PY.4 光绪二十五年（1899）　　　　5C PY.5 光绪二十六年（1900）

面值	编号	普品	极美	近未使用	未使用	面值	编号	普品	极美	近未使用	未使用
5C	PY.1			8 万	16 万+	5C	PY.2.1			15 万	
5C	PY.2.2	8 000	1.5 万	3 万+							
5C	PY.3.1	8 000	1.5 万	3 万+		5C	PY.3.2	5 000	1.2 万	2.5 万+	
5C	PY.4	5 000	2 万	10 万+		5C	PY.5	5 万	10 万	20 万+	

07

吉林省造

KIRIN PROVINCE

(KR)

吉林位于东北中部，东南与朝鲜、俄罗斯等国交界，南、西、北三面分别与辽宁、内蒙古、黑龙江为邻。清置吉林省，以境内吉林城得名，简称"吉"。全省面积18.74万平方公里，清宣统年间人口535万人。

光绪初年清政府在省城吉林外松花江北岸设机器局，生产枪弹火药以防止沙俄觊觎东北。吉林地处边陲，此为关外地区设近代机械工厂之始。时鉴于吉林地区制钱缺乏，私帖流行，造成物价波动影响市面交易，当局令机器局试造银钱纾困。机器局最初试造的银币为"光绪十年"（1884年）面值壹两、七钱、五钱、三钱、一钱等"两制"银币五种，俗称"吉林厂平"银两币。满语中"吉林"有"船厂"之意。由于是试制，并未推行流通。

因垦荒及修建中东铁路，银钱用量大增，光绪二十二年（1896年）在机器局银圆厂制作未标示年份的"无干支"大小银币五种，光绪二十五年后所造加注干支，计有己亥、庚子、辛丑、壬寅、癸卯、甲辰、乙巳、丙午、丁未、戊申十个年份。初期中心图案为花篮，庚子年起增加太极图案。戊申年有花篮、满文及数字"11"（意为换壹角银毫11枚）三种，该年份者均极珍贵。另据施新彪先生回忆，马定祥先生珍藏的"戊申吉字大清银币库平一两"惜于20世纪60年代佚失，至今未见，亦属罕见之品。

1900年庚子事变，沙俄借口护路进入省城并掠夺吉林机器局。经交涉索还修理，次年购地后另建银圆局开工。光绪三十三年（1907年）徐世昌任东三省总督将之并入奉天银圆局，成立东三省制造银圆总局，次年吉林银币面文去省字。改朝后制作宣统年造一钱四分四厘银角，后又更名造币分厂，生产造币分厂中心吉银角，有阴吉、阳吉两种，前者为罕见样币。吉林银币产量颇巨，但不能和北洋、江南、湖广等地相比。东三省通货紊乱乃全国之首，如平日银价有波动时，大量银圆、银锭即转运上海，故当地所剩有限。由于造币机器均在该局自行制作，故所造银圆风格粗犷、版式杂多，极富特色，颇受藏家青睐。

清代

十圆金币（$10）

中国近代首枚机制金币——吉林"金圆流通"

吉林省有金矿多处，光绪二十七年（1901年）岁次辛丑，造有"吉林银圆局造金圆流通"金币一种，目前仅见。据中国台湾鸿禧美术馆资料介绍，该种金币名曰"金圆流通"，材质为纯金，重约14.4克，本欲抵制日本和沙俄的十圆金币，后因日俄战争，银圆局遭波及而停造。此币正面中心的阴阳太极图及背面的龙图，与同年所造银币相同；背面的满文按上、下、左、右之顺序直读作"光绪元宝"。吉林省所造的"金圆流通"金币可谓中国近代首枚机制金币，珍贵异常。

$10 KR.1 吉林银圆局造金圆流通

面值	编号	普品	极美	近未使用	未使用
$10	KR.1			无定价	

厂平壹两 （一两，Tael）

Tael KR.1.1 光绪十年（1884），厂平壹两

Tael KR.1.2 光绪十年（1884），厂平壹两，铅锡试样（面）

Tael KR.1.3 光绪十年（1884），厂平壹两，铅锡试样（背）

面值	编号	普品	极美	近未使用	未使用
Tael	KR.1.1				无定价
Tael	KR.1.2	无定价			
Tael	KR.1.3	无定价			

厂平柒钱（七钱，7 Mace）

7M KR.1.1 光绪十年（1884），厂平柒钱

"吉林厂平"银两币

吉林机器局最初试造的银币为面文刊有"光绪十年"，面值为壹两、七钱、半两、三钱、一钱等以两为计价单位的五种银币。其中，一钱银币有"壹"与"弌"两种写法，后者罕见。依照龙背有无毛刺分"毛龙"及"光龙"两种版式，两者字体略有不同，有黄铜样及铅样存世。面文"厂平"为当地银衡习用的单位，俗称"吉林厂平"银两币。厂平银两币是先试造再向军机处呈样查照，但朝廷未置可否，此案不了了之。

7M KR.1.2 光绪十年（1884），厂平柒钱，铅锡试样（面）

厂平半两（五钱，5 Mace）

7M KR.1.3 光绪十年（1884），厂平柒钱，铅锡试样（背）　　　5M KR.1.1 光绪十年（1884），厂平半两

面值	编号	普品	极美	近未使用	未使用	面值	编号	普品	极美	近未使用	未使用
7M	KR.1.1		150万	200万+							
7M	KR.1.2		无定价								
7M	KR.1.3		无定价			5M	KR.1.1		100万	150万+	

5M KR.1.2 光绪十年（1884），厂平半两，铅锡试样（面）　　5M KR.1.3 光绪十年（1884），厂平半两，铅锡试样（背）

5M KR.1.4 光绪十年（1884），厂平半两，毛龙

厂平三钱 (3 Mace)

3M KR.1.1 光绪十年（1884），厂平三钱

3M KR.1.2 光绪十年（1884），厂平三钱，铅锡试样（面）　　3M KR.1.3 光绪十年（1884），厂平三钱，铅锡试样（背）

面值	编号	普品	极美	近未使用	未使用	面值	编号	普品	极美	近未使用	未使用
5M	KR.1.2		无定价			5M	KR.1.3		无定价		
5M	KR.1.4		100万	150万+							
3M	KR.1.1		80万	120万+							
3M	KR.1.2		无定价			3M	KR.1.3		无定价		

3M KR.1.4 光绪十年（1884），厂平三钱，毛龙　　　　　3M KR.1.5 光绪十年（1884），厂平三钱，毛龙，黄铜试样

厂平壹钱、弍钱（一钱，Mace）

1M KR.1.1 光绪十年（1884），厂平壹钱，铅锡试样（面）　　　1M KR.1.2 光绪十年（1884），厂平壹钱，铅锡试样（背）

1M KR.1.3 光绪十年（1884），厂平壹钱　　　　　　　　　1M KR.1.4 光绪十年（1884），厂平弍钱

面值	编号	普品	极美	近未使用	未使用	面值	编号	普品	极美	近未使用	未使用
3M	KR.1.4		80万	120万+		3M	KR.1.5			无定价	
1M	KR.1.1		无定价			1M	KR.1.2		无定价		
1M	KR.1.3			无定价		1M	KR.1.4			无定价	

光绪元宝库平七钱二分（一圆，$1）

$1 KR.1.1 无纪年（1896）士吉尔宝，四点花　　　　$1 KR.1.2 无纪年（1896）士吉尔宝，十字花

$1 KR.1.3 无纪年（1896）士吉尔宝，背十字花　　　$1 KR.1.4 无纪年（1896）土吉缶宝

$1 KR.1.5 无纪年（1896）土吉缶宝，密龙鳞　　　　$1 KR.1.6 无纪年（1896）土吉缶宝，角龙

面值	编号	普品	极美	近未使用	未使用	面值	编号	普品	极美	近未使用	未使用
$1	KR.1.1		1.5万	5万	16万+	$1	KR.1.2		1.5万	5万	16万+
$1	KR.1.3		1.5万	5万	16万+	$1	KR.1.4		1.5万	5万	16万+
$1	KR.1.5		1.5万	5万	16万+	$1	KR.1.6		1.5万	5万	16万+

$1 KR.2 己亥纪年（1899） $1 KR.3.1 庚子纪年（1900），中花篮，小字

$1 KR.3.2 庚子纪年（1900），中花篮，大字 $1 KR.3.3 庚子纪年（1900），中太极

$1 KR.4.1 辛丑纪年（1901），大字 $1 KR.4.2 辛丑纪年（1901），特小字

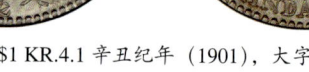

面值	编号	普品	极美	近未使用	未使用	面值	编号	普品	极美	近未使用	未使用
$1	KR.2		10万	30万	50万+	$1	KR.3.1		8万	12万	20万+
$1	KR.3.2		10万	15万	25万+	$1	KR.3.3		10万	15万	25万+
$1	KR.4.1		6万	10万	15万+	$1	KR.4.2		8万	12万	

$1 KR.5 壬寅纪年（1902）

$1 KR.6 癸卯纪年（1903）

$1 KR.7.1 甲辰纪年（1904），大字

$1 KR.7.2 甲辰纪年（1904），小字

$1 KR.8 乙巳纪年（1905）

面值	编号	普品	极美	近未使用	未使用	面值	编号	普品	极美	近未使用	未使用
$1	KR.5		10万	15万	25万+	$1	KR.6		8万	12万	20万+
$1	KR.7.1		8万	12万	20万+	$1	KR.7.2		8万	12万	20万+
$1	KR.8		3万	5万	15万+						

$1 KR.9.1 丙午纪年（1906） $1 KR.9.2 丙午纪年（1906），3.2 错版

$1 KR.10 丁未纪年（1907） $1 KR.11.1 戊申纪年（1908），中花篮

$1 KR.11.2 戊申纪年（1908），中满文 $1 KR.11.3 戊申纪年（1908），中 11

面值	编号	普品	极美	近未使用	未使用	面值	编号	普品	极美	近未使用	未使用
$1	KR.9.1		10 万	15 万	25 万 +	$1	KR.9.2		10 万	15 万	25 万 +
$1	KR.10		15 万	20 万	30 万 +	$1	KR.11.1			30 万	50 万
$1	KR.11.2			100 万	150 万 +	$1	KR.11.3			80 万	120 万 +

光绪元宝库平三钱六分（五角，50C）

50C KR.1.1 无纪年（1896）士吉尔宝　　　　　　50C KR.1.2 无纪年（1896）士吉尔宝，背十字花

50C KR.1.3 无纪年（1896）士吉缶宝　　　　　　50C KR.1.4 无纪年（1896）士吉缶宝，背十字花

50C KR.1.5 无纪年（1896）土吉缶宝　　　　　　50C KR.1.6 无纪年（1896）土吉缶宝，背十字花

50C KR.1.7 无纪年（1896）土吉缶宝，面无星

面值	编号	普品	极美	近未使用	未使用	面值	编号	普品	极美	近未使用	未使用
50C	KR.1.1		3 000	5 000	1.2万+	50C	KR.1.2		3 000	5 000	1.2万+
50C	KR.1.3		3 000	5 000	1.2万+	50C	KR.1.4		3 000	5 000	1.2万+
50C	KR.1.5		3 000	5 000	1.2万+	50C	KR.1.6		3 000	5 000	1.2万+
50C	KR.1.7			3万	6万+						

50C KR.2 己亥纪年（1899）　　　　　　　50C KR.3.1 庚子纪年（1900），中花篮

50C KR.3.2 庚子纪年（1900），中太极　　　50C KR.4 辛丑纪年（1901）

50C KR.5.1 壬寅纪年（1902）　　　　　　50C KR.5.2 壬寅纪年（1902），大太极

50C KR.6 癸卯纪年（1903）　　　　　　　50C KR.7 甲辰纪年（1904）

面值	编号	普品	极美	近未使用	未使用	面值	编号	普品	极美	近未使用	未使用
50C	KR.2		5 000	8 000	2万+	50C	KR.3.1		5 000	8 000	2万+
50C	KR.3.2		5 000	8 000	2万+	50C	KR.4		4 000	6 000	1.2万+
50C	KR.5.1		5 000	8 000	2万+	50C	KR.5.2		6 000	9 000	2.5万+
50C	KR.6		5 000	8 000	2万+	50C	KR.7		5 000	8 000	2万+

行书　　楷书

50C KR.8.1 乙巳纪年（1905），行书

50C KR.8.2 乙巳纪年（1905），楷书，十字星　　　　50C KR.8.3 乙巳纪年（1905），楷书，七点星

50C KR.9 丙午纪年（1906）　　　　　　　　　　　50C KR.10 丁未纪年（1907）

50C KR.11.1 戊申纪年（1908），中花篮　　　　　　50C KR.11.2 戊申纪年（1908），中满文

面值	编号	普品	极美	近未使用	未使用	面值	编号	普品	极美	近未使用	未使用
50C	KR.8.1		3 500	6 500	1.5万+						
50C	KR.8.2		3 500	6 500	1.5万+	50C	KR.8.3		3 500	6 500	1.5万+
50C	KR.9		5 000	8 000	2万+	50C	KR.10		5 000	8 000	2万+
50C	KR.11.1		8万	15万	30万+	50C	KR.11.2		6万	12万	25万+

光绪元宝库平一钱四分四厘（二角，20C）

20C KR.1.1 无纪年（1896），士吉尔宝   20C KR.1.2 无纪年（1896），士吉缶宝

20C KR.1.3 无纪年（1896），土吉缶宝   20C KR.2 己亥纪年（1899）

20C KR.3.1 庚子纪年（1900），中花篮   20C KR.3.2 庚子纪年（1900），中太极

20C KR.4 辛丑纪年（1901）   20C KR.5 壬寅纪年（1902）

面值	编号	普品	极美	近未使用	未使用	面值	编号	普品	极美	近未使用	未使用
20C	KR.1.1		1 500	3 000	6 000+	20C	KR.1.2		3 500		
20C	KR.1.3		1 500	3 000	6 000+	20C	KR.2		1 800	3 500	7 000+
20C	KR.3.1		1 800	3 500	7 000+	20C	KR.3.2		1 800	3 500	7 000+
20C	KR.4		1 800	3 500	7 000+	20C	KR.5		1 800	3 500	7 000+

20C KR.6 癸卯纪年（1903） 　　　　　　　20C KR.7 甲辰纪年（1904）

20C KR.8.1 乙巳纪年（1905），行书 　　　20C KR.8.2 乙巳纪年（1905），楷书

20C KR.9 丙午纪年（1906） 　　　　　　　20C KR.10 丁未纪年（1907）

20C KR.11.1 戊申纪年（1908），中花籃 　　20C KR.11.2 戊申纪年（1908），中满文

面值	编号	普品	极美	近未使用	未使用	面值	编号	普品	极美	近未使用	未使用
20C	KR.6		1 800	3 500	7 000+	20C	KR.7		1 800	3 500	7 000+
20C	KR.8.1		1 800	3 500	7 000+	20C	KR.8.2		1 800	3 500	7 000+
20C	KR.9		1 800	3 500	7 000+	20C	KR.10		1 800	3 500	7 000+
20C	KR.11.1		5万	8万	15万+	20C	KR.11.2		3万	5万	8万+

20C KR.11.3 戊申纪年（1908），中心 2

光绪元宝库平七分二厘（一角，10C）

10C KR.1.1 无纪年（1896）士吉尔宝　　　　士吉　　土吉

10C KR.1.2 无纪年（1896）士吉缶宝　　　　尔宝　　缶宝

10C KR.1.3 无纪年（1896）土吉缶宝　　10C KR.1.4 无纪年（1896）土吉缶宝，背十字花

面值	编号	普品	极美	近未使用	未使用	面值	编号	普品	极美	近未使用	未使用
20C	KR.11.3		2 000	4 000	1.2 万 +						
10C	KR.1.1		800	1 200	3 000+						
10C	KR.1.2		800	1 200	3 000+						
10C	KR.1.3		800	1 200	3 000+	10C	KR.1.4		800	1 200	3 000+

10C KR.2 己亥纪年（1899）

10C KR.3.1 庚子纪年（1900），中花篮

10C KR.3.2 庚子纪年（1900），中太极

10C KR.4 辛丑纪年（1901）

10C KR.5 壬寅纪年（1902）

10C KR.6 癸卯纪年（1903）

10C KR.7 甲辰纪年（1904）

面值	编号	普品	极美	近未使用	未使用	面值	编号	普品	极美	近未使用	未使用
10C	KR.2		1 000	1 500							
10C	KR.3.1		1 000	1 500	3 500+	10C	KR.3.2		1 000	1 500	3 500+
10C	KR.4		1 000	1 500	3 500+	10C	KR.5		1 000	1 500	3 500+
10C	KR.6		1 000	1 500	3 500+	10C	KR.7		1 000	1 500	3 500+

10C KR.8.1 乙巳纪年（1905），十字星

10C KR.8.2 乙巳纪年（1905），七点花

10C KR.9 丙午纪年（1906）   10C KR.10 丁未纪年（1907）

10C KR.11 戊申纪年（1908）

面值	编号	普品	极美	近未使用	未使用	面值	编号	普品	极美	近未使用	未使用
10C	KR.8.1		1 000	1 500	3 500+						
10C	KR.8.2		1 000	1 500	3 500+						
10C	KR.9		1 000	1 500	3 500+	10C	KR.10		2.5万	4.5万	
10C	KR.11		2万	4万	6万+						

光绪元宝库平三分六厘（五分，5C）

5C KR.1.1 无纪年（1896），士吉尔宝   5C KR.1.2 无纪年（1896），士吉岳宝

5C KR.1.3 无纪年（1896），土吉岳宝

5C KR.2 己亥纪年（1899）   5C KR.3.1 庚子纪年（1900），中花篮

5C KR.3.2 庚子纪年（1900），中太极   5C KR.4 辛丑纪年（1901）

面值	编号	普品	极美	近未使用	未使用	面值	编号	普品	极美	近未使用	未使用
5C	KR.1.1		1 000	1 500	4 000+	5C	KR.1.2		1 000	1 500	4 000+
5C	KR.1.3		1 000	1 500	5 000+						
5C	KR.2		1 200	1 800	5 000+	5C	KR.3.1		1 200	1 800	5 000+
5C	KR.3.2		1 200	1 800	5 000+	5C	KR.4		1 200	1 800	5 000+

5C KR.5 壬寅纪年（1902）　　　　　　　　　5C KR.6 癸卯纪年（1903）

5C KR.7 甲辰纪年（1904）

5C KR.8.1 乙巳纪年（1905），十字星　　　　5C KR.8.2 乙巳纪年（1905），七点花

5C KR.9 丙午纪年（1906）　　　　　　　　　5C KR.10 丁未纪年（1907）

面值	编号	普品	极美	近未使用	未使用	面值	编号	普品	极美	近未使用	未使用
5C	KR.5		1 200	1 500	5 000+	5C	KR.6		1 200	1 500	5 000+
5C	KR.7		1 200	1 500	5 000+						
5C	KR.8.1		1 200	1 500	5 000+	5C	KR.8.2		1 200	1 500	5 000+
5C	KR.9		1 200	1 500	5 000+	5C	KR.10		1 200	1 500	5 000+

08
安徽省造
ANHWEI PROVINCE

（AH）

　　安徽位于华东西北部，跨长江淮河流域；周围东与江苏、浙江为邻，南接江西、西连湖北、河南、北靠山东。清代置省时以安庆、徽州两府连称得名；春秋时安庆地方为皖国，故简称"皖"。全省面积14.01万平方公里，清宣统年间人口1 407万人。

　　光绪二十三年二月（1897年3月）安徽巡抚邓华熙以皖省制钱不足为由，奏请购机建厂制造银圆便利市面流通。获准后随即派员赴上海洽购机器，三月与德商订立合同，限期5个月交货。但实际上，设备在次年二、三月间才陆续运抵，安庆东门内鹭鸶桥火药库旧址建造的厂房也在春季完成，机器安装妥当后开工。七月奏陈"雇用熟悉工匠，按照广东、湖北银圆分两、成色并錾明年份及安徽省造字样，铸成大小银圆五种"。正式开工日期是光绪二十四年三月（1898年4月），次年六月接旨停造，光绪二十八年再度启用厂房专造铜元，龙银的实际生产时间不到一年半。皖省商埠流通的银币以俗称"本洋"的西班牙银圆为主，据史料记载，在芜湖流通至民初，使用时间较其他地区长出许多。

　　皖局开办时机器来自德国舒勒厂（Schuler），币模由其合作伙伴拜赫厂（Otto Beh）雕刻。

　　辛亥革命后，安庆造币厂在1919年（民国八年）12月开工，先造铜元，后也生产银币，在1922年因仿制低色（40%~58%）广东贰毫银角而被上海报纸揭发。安庆造币厂在1924年时又因所出的八年版袁大头含银过低（76%）被上海商界抵制，海关乃阻止生银输入皖省，1926年（民国十五年）该厂因亏损及商业诉讼而停工关闭。

清代

光绪元宝库平七钱二分（一圆，$1）

皖局的德制样币

皖局开办时机器来自德国舒勒厂（Schuler），币模由其合作伙伴拜赫厂（Otto Beh）雕刻，存世之"二十三年安徽省造"版即其所作，因模具交付时已跨年而未采用，所存银铜样为中国银币大珍之一。改为"二十四年"后投产，正面有英文缩写 A.S.T.C 和无英文两大类；旋即改为"戊戌"干支纪年，翌年取消了币面上的干支纪年。

$1 AH.1.1 光绪二十三年（1897），德国拜赫厂样币

$1 AH.1.2 光绪二十三年（1897），德国拜赫厂铜镀银试样

$1 AH.1.3 光绪二十三年（1897），德国拜赫厂黄铜试样

面 A.S.T.C / 高四　　无英文 / 小边花　　无英文 / 大边花

$1 AH.2.1 光绪二十四年（1898），面 A.S.T.C

面值	编号	普品	极美	近未使用	未使用	面值	编号	普品	极美	近未使用	未使用
$1	AH.1.1				无定价						
$1	AH.1.2				无定价	$1	AH.1.3				无定价
$1	AH.2.1		8万	16万	50万+						

$1 AH.2.2 光绪二十四年（1898），无英文，小边花　　　　$1 AH.2.3 光绪二十四年（1898），无英文，大边花

$1 AH.3 戊戌纪年（1898）　　　　　　　　　　　　无纪年　　　面中点

$1 AH.4.1 无纪年（1899）　　　　　　　　　　　　$1 AH.4.2 无纪年（1899），面中点7后点

面值	编号	普品	极美	近未使用	未使用	面值	编号	普品	极美	近未使用	未使用
$1	AH.2.2		8万	16万	50万+	$1	AH.2.3		8万	16万	50万+
$1	AH.3		10万	20万	60万+						
$1	AH.4.1		12万	25万	70万+	$1	AH.4.2		12万	25万	70万+

光绪元宝库平三钱六分（五角，50C）

50C AH.1.1 光绪二十三年（1897），德国拜赫厂样币　　50C AH.1.2 光绪二十三年（1897），德国拜赫厂铜镀银试样

50C AH.1.3 光绪二十三年（1897），德国拜赫厂黄铜试样　　50C AH.2 光绪二十四年（1898）

光绪元宝库平一钱四分四厘（二角，20C）

20C AH.1.1 光绪二十三年（1897），德国拜赫厂样币，小字　　20C AH.1.2 光绪二十三年（1897），德国拜赫厂黄铜试样，小字

20C AH.1.3 光绪二十三年（1897），德国拜赫厂黄铜试样，大字　　20C AH.1.4 德国拜赫厂黄铜广告币

面值	编号	普品	极美	近未使用	未使用	面值	编号	普品	极美	近未使用	未使用
50C	AH.1.1			无定价		50C	AH.1.2			无定价	
50C	AH.1.3				无定价	50C	AH.2		8万	30万	60万+
20C	AH.1.1			无定价		20C	AH.1.2				无定价
20C	AH.1.3			无定价		20C	AH.1.4				无定价

20C AH.2.1 光绪二十四年（1898），面 A.S.T.C　　　　　　　20C AH.2.2 光绪二十四年（1898），边花新版

20C AH.3.1 无纪年（1899），小龙　　　　　　　　　　　　20C AH.3.2 无纪年（1899），大龙

光绪元宝库平七分二厘（一角，10C）

10C AH.1.1 光绪二十四年（1898），面 A.S.T.C　　　　　　10C AH.1.2 光绪二十四年（1898），面去 A.S.T.C

10C AH.1.3 光绪二十四年（1898）　　　　　　　　　　　　10C AH.1.4 光绪二十四年（1898），边花新版

面值	编号	普品	极美	近未使用	未使用	面值	编号	普品	极美	近未使用	未使用
20C	AH.2.1		5 000	2 万	6 万 +	20C	AH.2.2		4 000	1 万	3.5 万 +
20C	AH.3.1		3 000	1 万	3 万 +	20C	AH.3.2		2 500	8 000	2.5 万 +
10C	AH.1.1		2 000	6 000	1.5 万 +	10C	AH.1.2		2 000	6 000	1.5 万 +
10C	AH.1.3		2 000	6 000	1.5 万 +	10C	AH.1.4		2 000	6 000	1.5 万 +

面 A.S.T.C　　面去 A.S.T.C　　去 A.S.T.C/扁四　　边花新版

10C AH.2 戊戌纪年（1898）　　　　　　10C AH.3 无纪年（1899）

光绪元宝库平三分六厘（五分，5C）

5C AH.1.1 光绪二十三年（1897），德国拜赫厂样币　　5C AH.1.2 光绪二十三年（1897）德国拜赫厂黄铜试样

5C AH.2 光绪二十五年（1899）　　　　　5C AH.3 无纪年（1899）

面值	编号	普品	极美	近未使用	未使用	面值	编号	普品	极美	近未使用	未使用
10C	AH.2		2 000	6 000	1.5万+	10C	AH.3		3 000	7 000	2万+
5C	AH.1.1				无定价	5C	AH.1.2				无定价
5C	AH.2		3 500	8 000	2.5万+	5C	AH.3		3万	5万	12万+

09
奉天省造
FENGTIEN PROVINCE

（FT）

奉天位于东北地区南部，清代东北三省之一，今辽宁省前身；东南隔鸭绿江与朝鲜为邻，东、北、西分别与吉林、内蒙古、河北接壤。清置奉天府，光绪末年设奉天省，省城奉天府（今沈阳），简称"奉"。清宣统年间全省人口 583 万人。

光绪二十一年底（1896 年初），盛京将军依克阿唐以奉省制钱短缺、凭帖容易伪造为由，奏请设局制造银圆。获准后随即在天津向洋行订购德国舒勒厂各式机器及币模，并在省城外奉军旧营舍地基内修建厂房。完工后德国机器陆续运到，因币面英文地名误为"TENG-TIEN"重刻后补交，或因此耽搁未采纳发行。奉局以自行所雕币模在光绪二十三年（1897 年）正式开工制作，当时尚缺银角印花机，只造了"一圆"及"五角"两种纪值银币呈样。尔后再增加"二角"与"一角"。庚子事变中俄军入侵东北，奉局遭战火破坏严重。

光绪二十九年（1903 年）经交涉后索回厂房，添购机器重新建厂，与机器局分开改设"奉天制造银圆总局"，新造与他省形制相似的干支"癸卯"纪年的银圆。因币面中央满文刻错，有"奉宝"及"宝奉"两版。次年制作岁次甲辰（1904 年）的银角，又因日俄战争奉天银圆局再度被俄军强占，虽隔年交还，但后被户部裁撤停办。

银币大珍之首的"奉天癸卯一两"，是光绪二十九年至三十四年（1903 年至 1908 年）间中国货币史上著名"圆两之争"下的产物，当时朝廷中枢与封疆大臣为本位币重量应定库平七钱二分还是一两各执己见。在中央与地方都酝酿整顿圜法的情势下，奉省筹划了"奉天癸卯一两"的试制。据中国海关出版的 1904 年《路易斯安那购入百年博览会》参展藏品目录，奉天造币厂尝试生产一两银币，因不受欢迎在正式流通前即取消，迄今仍为孤品。

清代

光绪元宝库平银一两（Tael）

Tael FT.1 癸卯纪年（1903）

奉天癸卯一两

银币大珍之首的"奉天癸卯一两"，是光绪二十九年至三十四年（1903年至1908年）间中国货币史上著名"圆两之争"下的产物，当时朝廷中枢与封疆大臣为本位币重量应定库平七钱二分还是一两各执己见。在中央与地方都酝酿整顿圜法的情势下，奉省筹划了"奉天癸卯一两"的试制。据中国海关出版的1904年《路易斯安那购入百年博览会》参展藏品目录，奉天造币厂尝试生产一两银币，因不受欢迎在正式流通前即取消，迄今仍为孤品。

面值	编号	普品	极美	近未使用	未使用
Tael	FT.1				无定价

光绪元宝库平七钱二分（一圆，$1）

　　　　$1 FT.1.1 无纪年（1897），德国拜赫厂样币　　　　　　　　$1 FT.1.2 无纪年（1897），德国拜赫厂铝试样

　　　　$1 FT.1.3 无纪年（1897），德国拜赫厂黄铜试样　　　　　　$1 FT.2 德国拜赫厂黄铜广告币，FENG-TIEN

光绪一圆（$1）

　　　　$1 FT.3.1 光绪二十四年（1898）　　　　　　　　　　　　　$1 FT.3.2 光绪二十四年（1898），宽嘴龙

面值	编号	普品	极美	近未使用	未使用	面值	编号	普品	极美	近未使用	未使用
$1	FT.1.1				无定价	$1	FT.1.2				无定价
$1	FT.1.3				无定价	$1	FT.2				无定价
$1	FT.3.1	2.5万	5万	15万	30万+	$1	FT.3.2	3万	8万	25万	50万+

$1 FT.4.1 光绪二十五年（1899） $1 FT.4.2 光绪二十五年（1899），有圈

光绪元宝库平七钱二分（一圆，$1）

$1 FT.5.1 癸卯纪年（1904），满文宝奉

"宝奉"与"奉宝"

光绪二十九年（1903 年）奉局经与俄国交涉索回厂房后，添购机器重新建厂，与机器局分开改设"奉天制造银圆总局"，新造与他省形制相似的干支"癸卯"纪年的银圆，因币面中央满文刻错，有"宝奉"及"奉宝"两版。次年制作岁次甲辰（1904 年）的银角，又因日俄战争奉天银圆局再度被俄军强占，隔年始交还，后被户部裁撤停办。

$1 FT.5.2 癸卯纪年（1904），满文奉宝

面值	编号	普品	极美	近未使用	未使用	面值	编号	普品	极美	近未使用	未使用
$1	FT.4.1		10 万	20 万	50 万 +	$1	FT.4.2		10 万	20 万	50 万 +
$1	FT.5.1	4 万	12 万	25 万	50 万 +						
$1	FT.5.2	3 万	10 万	20 万	40 万 +						

光绪元宝库平三钱六分（五角，50C）

50C FT.1.1 无纪年（1897），德国拜赫厂黄铜试样　　　　50C FT.1.2 无纪年（1897），德国拜赫厂黄铜试样，FENG-TIEN

光绪五角（50C）

50C FT.2.1 光绪二十四年（1898），大龙珠

奉天机器局的"圆角制"银币

奉局以自行所雕币模在光绪二十三年（1897年）正式开工制作，当时尚缺银角印花机，只造了"一圆"及"五角"两种纪值面额的银币呈样，尔后再增加"二角"与"一角"。面文除局名外有"二十四年"字样，次年改为"二十五年"。旋即庚子事变俄军入侵东北，奉局毁于战火，只生产了两个年份。

50C FT.2.2 光绪二十四年（1898），小龙珠　　　　50C FT.2.3 光绪二十四年（1898），宽嘴龙

50C FT.3.1 光绪二十五年（1899），满文二十四年　　　　50C FT.3.2 光绪二十五年（1899）

面值	编号	普品	极美	近未使用	未使用	面值	编号	普品	极美	近未使用	未使用
50C	FT.1.1				无定价	50C	FT.1.2				无定价
50C	FT.2.1		10万	20万	40万+						
50C	FT.2.2		12万	22万	45万+	50C	FT.2.3	3万	5万	12万	25万+
50C	FT.3.1		15万	25万	50万+	50C	FT.3.2		25万	40万+	

光绪元宝库平一钱四分四厘（二角，20C）

20C FT.1.1 无纪年（1897），德国拜赫厂黄铜试样

奉省光绪元宝的德造试样

此无纪年"奉天省造光绪元宝"共计七钱二分、三钱六分、一钱四分四厘、七分二厘四种，实物缺三分六厘。有铝、黄铜及合金试样。奉天"F"ENG-TIEN 正版目前独缺七钱二分未见实物。

20C FT.1.2 无纪年（1897），德国拜赫厂黄铜试样，FENG-TIEN

20C FT.1.3 无纪年（1897），德国拜赫厂合金试样，FENG-TIEN

光绪二角（20C）

20C FT.2.1 光绪二十四年（1898），大龙珠

20C FT.2.2 光绪二十四年（1898），小龙珠

20C FT.2.3 光绪二十四年（1898），宽嘴龙

面值	编号	普品	极美	近未使用	未使用	面值	编号	普品	极美	近未使用	未使用
20C	FT.1.1				无定价						
20C	FT.1.2				无定价	20C	FT.1.3				无定价
20C	FT.2.1	3 000	6 000	1万	3万+						
20C	FT.2.2	4 000	8 000	1.5万	4万+	20C	FT.2.3	4 000	8 000	1.5万	4万+

光绪元宝库平一钱四分四厘（二角，20C）

20C FT.3.1 甲辰纪年（1904），大坯   大坯龙　　小坯龙

20C FT.3.2 甲辰纪年（1904）　　　　20C FT.3.3 合背，红铜

光绪元宝库平七分二厘（一角，10C）

10C FT.1.1 无纪年（1897），德国拜赫厂黄铜试样　　10C FT.1.2 无纪年（1897），德国拜赫厂黄铜试样，FENG-TIEN

光绪一角（10C）

10C FT.2.1 光绪二十四年（1898），短须　　10C FT.2.2 光绪二十四年（1898），长须

面值	编号	普品	极美	近未使用	未使用	面值	编号	普品	极美	近未使用	未使用
20C	FT.3.1	5 000	8 000	1.5 万	4 万+						
20C	FT.3.2	1 000	2 000	4 000	8 000+	20C	FT.3.3				无定价
10C	FT.1.1				无定价	10C	FT.1.2				无定价
10C	FT.2.1	2 500	5 000	1 万	3 万+	10C	FT.2.2	2 500	5 000	1 万	3 万+

光绪半角（五分，5C）

5C FT.1.1 光绪二十五年（1899），接天   5C FT.1.2 光绪二十五年（1899）

面值	编号	普品	极美	近未使用	未使用	面值	编号	普品	极美	近未使用	未使用
5C	FT.1.1	3 000	6 000	1.2 万	3.5 万 +	5C	FT.1.2	3 000	6 000	1.2 万	3.5 万 +

10

湖南省造

HUNNAN PROVINCE

（HN）

湖南位于长江中游南岸，东与江西交界，南与两广为邻，西接贵州、四川，北与湖北相连。湘江为境内最大河流，因大部分区域在洞庭湖之南，得省名湖南。简称"湘"。全省面积21.18万平方公里，清宣统年间人口2 058万人。

湘省物产丰富，光绪年市面习用小银饼，有官方的阜南官局、湖南官钱局、大清银行及民间长沙乾益字号。光绪二十三年（1897年）湖南巡抚陈宝箴以"湘省钱少赈给碎银诸多窒碍"及"来自外省究不若本省自铸之较为近便"，自广东取得小型印花机一架并由粤局代刻币模，在长沙城内试制小银角，此乃湖南设局造币之始。翌年（1898年）英国伯明翰造币厂交运设备若干抵湖南。

存世有纪年"戊戌"及"己亥"的壹角银毫，数量有限。光绪二十八年（1902年）再扩建银圆局但仅生产铜元，光绪三十一年（1905年）长沙南门外新厂开工亦专造铜元，次年两处皆关闭整顿；光绪三十四年（1908年）以铁路动工在即铜元制钱俱缺、民困商艰为由再度营运。清末湖南计有造币厂三座，皆位于长沙生产铜元，财政整顿时并入湖北武昌。

民国成立后湖南续请开办，生产仍以铜元为主。湖南地名的银圆有两种，其一为"洪宪元年开国纪念"中华银币壹角，制额不多，旋复辟失败撤销帝制而追回销毁，存世极少；其二是"湖南省宪成立纪念"壹圆银币，此为湘军总司令赵恒惕掌握湖南军政大权后，召开湖南省议会倡议联省自治被选为省长，于1922年（民国十一年）1月1日公布"湖南省宪法"，并发行此币。嘉禾图案内为三横，有说八卦中代表吉祥的"乾卦"，另有亦代表湘中、湘南、湘西的"三湘"之意。制额不详，由所见者的品相多数良好来看，未真正广泛流通。1925年（民国十四年）财政部下令关闭湖南造币厂。

清代

省平足纹壹两 (一两, Tael)

Tael HN.1 无纪年（1906），湖南官钱局造　　　　　　Tael HN.2 无纪年（1906），湖南阜南官局

Tael HN.3 无纪年（1908），长沙乾益字号　　　　　　Tael HN.4 无纪年（1909），湖南大清银行

省平足纹柒钱 (七钱, 7 Mace)

7M HN.1 无纪年（1906），湖南阜南官局　　　　　　7M HN.2 无纪年（1908），长沙乾益字号

省平足纹陆钱 (六钱, 6 Mace)

6M HN.1 无纪年（1906），湖南阜南官局　　　　　　6M HN.2 无纪年（1908），长沙乾益字号

面值	编号	普品	极美	近未使用	未使用	面值	编号	普品	极美	近未使用	未使用
Tael	HN.1		5万	8万	12万+	Tael	HN.2		5万	8万	12万+
Tael	HN.3		5万	8万	12万+	Tael	HN.4		15万	20万	40万+
7M	HN.1		4万	7万	10万+	7M	HN.2		4万	7万	10万+
6M	HN.1		4万	7万	10万+	6M	HN.2		4万	7万	10万+

省平足纹五钱（5 Mace）

5M HN.1 无纪年（1906），湖南阜南官局

省平足纹四钱（4 Mace）

4M HN.1 无纪年（1906），湖南阜南官局　　4M HN.2 无纪年（1908），长沙乾益字号

省平足纹三钱（3 Mace）

3M HN.1 无纪年（1906），湖南阜南官局　　3M HN.2 无纪年（1908），长沙乾益字号

面值	编号	普品	极美	近未使用	未使用	面值	编号	普品	极美	近未使用	未使用
5M	HN.1		6万	8万	15万+						
4M	HN.1		6万	8万	15万+	4M	HN.2		6万	8万	15万+
3M	HN.1		6万	8万	15万+	3M	HN.2		6万	8万	15万+

光绪元宝库平七钱二分（一圆，$1）

$1 HN.1 无纪年（1898）英国伯明翰厂样币

光绪元宝库平三钱六分（五角，50C）

50C HN.1 无纪年（1898）英国伯明翰厂样币

伯明翰造币厂样币

1898 年，英国伯明翰造币厂交运设备模具若干至湖南，但此系列银圆未进入生产，所有币样皆在英国制作，目前仅见七钱二分、三钱六分两种，20 世纪 70 年代时始广为泉界所知，现已成为中国银圆的大名誉珍稀品种。

面值	编号	普品	极美	近未使用	未使用
$1	HN.1				无定价
50C	HN.1				无定价

光绪元宝库平一钱四分四厘（二角，20C）

20C HN.1 无纪年（1898）

单边花　　双边花

光绪元宝库平七分二厘（一角，10C）

10C HN.1 无纪年（1898），单边花

10C HN.2 无纪年（1898），双边花

10C HN.3 戊戌纪年（1898）

10C HN.4 己亥纪年（1899）

光绪元宝库平三分六厘（五分，5C）

5C HN.1 无纪年（1898）

面值	编号	普品	极美	近未使用	未使用	面值	编号	普品	极美	近未使用	未使用
20C	HN.1	5 000	1万	2万	3万+						
10C	HN.1	1 500	3 000	6 000	2万+	10C	HN.2	1 500	3 000	6 000	2万+
10C	HN.3	1 500	3 000	6 000	2万+	10C	HN.4	1 500	3 000	6 000	2万+
5C	HN.1				无定价						

民国时期

湖南省宪成立纪念壹圆（一圆，$1）

$1 HNR.1 民国十一年（1922）省宪赵恒惕像，金

赵恒惕像壹圆与三横壹圆

湘军总司令赵恒惕掌握湖南军政大权后，召开湖南省议会倡议联省自治被选为省长，于1922年（民国十一年）1月1日公布"湖南省宪法"，并发行此币。嘉禾图案内初为赵恒惕像，后改为三横，有说八卦中代表吉祥的"乾卦"，另有说代表湘中、湘南、湘西的"三湘"之意。制额不详，由所见者的品相多数良好来看，未真正流通。赵像金币与省宪金币目前由中国钱币博物馆收藏并展出。

$1 HNR.2.1 民国十一年（1922）省宪，金　　　　　$1 HNR.2.2 民国十一年（1922）省宪

中华银币壹角（一角，10C）

10C HNR.1.1 洪宪元年（1916）中华银币　　　　10C HNR.1.2 洪宪元年（1916）中华银币，红铜试样

面值	编号	普品	极美	近未使用	未使用	面值	编号	普品	极美	近未使用	未使用
$1	HNR.1				无定价						
$1	HNR.2.1				无定价	$1	HNR.2.2		8万	15万	30万+
10C	HNR.1.1		20万	40万+		10C	HNR.1.2				无定价

11 江南省造
KIANGNAN PROVINCE

（KN）

所谓的"江南省"，是清顺治时所设行省，范围相当于今江苏省和安徽省。康熙初年分置江苏与安徽二省，前者名称取自江宁、苏州，省会苏州，后迁南京。光绪年成立机器造币厂时，江南省建制已撤销二百年。"江南省"是中国货币上唯一注明产地但有名无实之省份。江苏位于东部长江下游，东临黄海，与浙江、山东接壤。江苏全省面积10.72万平方公里，清宣统年间人口1 538万人。

南京"江南铸造银圆制钱总局"在光绪二十三年十二月二十五日（1898年1月17日）正式开工，分东、西两厂，分别制作银圆与制钱。设备及银铜币模均向英国伯明翰造币厂订购，存世有极罕见镜面精制光边银样。宁厂初期经营不顺，庚子事变时因销路迟滞而停产；次年复工又因银色不足遭诟病，为挽回信誉委托汇丰银行延请化验师H. A. Holmes到厂，出品加戳记以取信中外，故辛丑年有"无HAH"及"HAH"版之分。宣统年间生产少量的"二角"及"一角"银毫，旋因币制改革而制造宣三大清银币。1912年（民国元年）4月至1914年9月新国币颁布前，以前清"甲辰"版龙洋旧模复造，故量大版多。

孙中山被推举为民国临时大总统时，南京造币厂生产孙像"开国纪念币"，是为五星版，另有二角型无面值纪念币，数量不多。嗣大总统袁世凯上任，《国币条例》颁布后，1915年起生产袁像银币，数额庞大。1927年北伐军攻克南京后改刻开国纪念币旧模生产，是为六星版，次年厂区失火焚毁，没有重建。

南京造币厂规模宏大，开办至民国初年之间厂名变更多次，后各省各厂均以所在地命名，称"南京造币厂"，简称皆"宁厂"。江苏全省另在苏州、清江（今淮安）等处设有机器造币厂，专造铜元，均在光绪末年币制整顿时关闭。

清代

光绪元宝库平七钱二分（一圆，$1）

$1 KN.1.1 无纪年（1897），英国伯明翰厂样币，光边　　　　$1 KN.1.2 无纪年（1897），英国伯明翰厂红铜试样，光边

$1 KN.2.1 无纪年（1898），老江南，人字边

无干支纪年的"老江南"

江南铸造银圆制钱总局最初生产的银币无干支，蟠龙有外圈，俗称"老江南"。有直齿边或人字边；按"省"字可分"目省"及"日省"等，数额均少。尔后注明岁次，有戊戌、己亥、庚子、辛丑、壬寅、癸卯、甲辰及乙巳共九种。另有罕见之"戌戊"倒置错版。

$1 KN.2.2 无纪年（1898），老江南，齿边　　　　　　$1 KN.3.1 戊戌纪年（1898），左戌右戊错版

面值	编号	普品	极美	近未使用	未使用	面值	编号	普品	极美	近未使用	未使用
$1	KN.1.1				无定价	$1	KN.1.2				无定价
$1	KN.2.1	5万	20万	40万	80万+						
$1	KN.2.2	10万	40万	80万	150万+	$1	KN.3.1	20万	50万	100万	无定价

$1 KN.3.2 戊戌纪年（1898），凸眼龙　　　　　　　$1 KN.3.3 戊戌纪年（1898），凹眼龙

凸眼龙　　　凹眼龙　　　珍珠龙

$1 KN.3.4 戊戌纪年（1898），珍珠龙

$1 KN.4.1 己亥纪年（1899）　　　　　　　　　　$1 KN.4.2 己亥纪年（1899），新龙

面值	编号	普品	极美	近未使用	未使用	面值	编号	普品	极美	近未使用	未使用
$1	KN.3.2	1万	2万	4万	15万+	$1	KN.3.3	2.5万	3万	6万	20万+
$1	KN.3.4	5万	10万	25万	100万+						
$1	KN.4.1	5 000	1.2万	3万	15万+	$1	KN.4.2	6 000	1.5万	4万	20万+

$1 KN.5.1 庚子纪年（1900），大字庚子　　　　　　$1 KN.5.2 庚子纪年（1900），小字庚子

$1 KN.5.3 庚子纪年（1900），八字庚　　　普庚/八字庚　　老版字面　　新版字面

$1 KN.5.4 庚子纪年（1900），新版字面　　　　　　$1 KN.5.5 庚子纪年（1900），大字面

面值	编号	普品	极美	近未使用	未使用	面值	编号	普品	极美	近未使用	未使用
$1	KN.5.1			5万	10万+	$1	KN.5.2	5 000	8 000	2万	8万+
$1	KN.5.3			3万	8万+						
$1	KN.5.4	5 000	8 000	1.5万+		$1	KN.5.5		1.2万	3万	10万+

江南龙洋的 HAH 戳记

宁厂初期经营不顺，庚子事变时销路迟滞而停产；次年复工又因银色不足遭诟病，为挽回信誉委托汇丰银行延请化验师 H. A. Holmes 到厂，出品加戳记以取信中外，故辛丑年有"无 HAH"及"HAH"版之分。"HAH"用至光绪三十年（甲辰）为止。甲辰及乙巳龙洋的其他 TH/CH/SY 等英文缩写，含意待考。

$1 KN.6.1 辛丑纪年（1901），无 HAH

新龙　　　圆眼龙　　　小龙

$1 KN.6.2 辛丑纪年（1901），HAH，新龙

$1 KN.6.3 辛丑纪年（1901），HAH，圆眼龙　　　　　$1 KN.6.4 辛丑纪年（1901），HAH，小龙

面值	编号	普品	极美	近未使用	未使用	面值	编号	普品	极美	近未使用	未使用
$1	KN.6.1	5 000	1.5 万	3 万	8 万+						
$1	KN.6.2				无定价						
$1	KN.6.3	3 000	8 000	1.5 万	5 万+	$1	KN.6.4	5 000	1.2 万	2 万	8 万+

五点花　　六点花

$1 KN.6.5 辛丑纪年（1901），HAH，五点花

斜头寅　　直头寅

$1 KN.6.6 辛丑纪年（1901），HAH，六点花

$1 KN.7.1 壬寅纪年（1902），斜头寅　　　　　　$1 KN.7.2 壬寅纪年（1902），直头寅

面值	编号	普品	极美	近未使用	未使用	面值	编号	普品	极美	近未使用	未使用
$1	KN.6.5	5万	10万+								
$1	KN.6.6	2万	5万+								
$1	KN.7.1	4 000	8 000	1.5万	5万+	$1	KN.7.2	4 000	8 000	1.5万	5万+

$1 KN.8.1 癸卯纪年（1903）　　　　　　　　$1 KN.8.2 癸卯纪年（1903），有花

民国初年复造"甲辰"龙洋

宣统年间，宁厂生产了少量的"二角"及"一角"银毫，旋因币制改革而制作宣三大清银币。1912年（民国元年）4月起至1914年9月止新国币未颁布前，以前清"甲辰"版龙洋旧模复造，故量大版多。

$1 KN.9.1 甲辰纪年（1904），TH

TH　　　　CH

$1 KN.9.2 甲辰纪年（1904），CH

面值	编号	普品	极美	近未使用	未使用	面值	编号	普品	极美	近未使用	未使用
$1	KN.8.1	1万	5万	15万	25万+	$1	KN.8.2	8 000	3万	8万	20万+
$1	KN.9.1	4 000	8 000	2.5万	8万+						
$1	KN.9.2	2 500	4 000	1万	3万+						

面点　　　　　面十字花　　　　7 前点

$1 KN.9.3 甲辰纪年（1904），面点

$1 KN.9.4 甲辰纪年（1904），面十字花　　　　$1 KN.9.5 甲辰纪年（1904），7 前点

$1 KN.10 乙巳纪年（1905）

面值	编号	普品	极美	近未使用	未使用	面值	编号	普品	极美	近未使用	未使用
$1	KN.9.3	3 000	7 000	1.5 万	4 万+						
$1	KN.9.4	1 万	3 万	5 万	15 万+	$1	KN.9.5	3 000	7 000	1.2 万	3.5 万+
$1	KN.10	1.5 万	4 万	8 万	20 万+						

光绪元宝库平三钱六分（五角，50C）

50C KN.1 无纪年（1897），英国伯明翰厂样币　　　　　　50C KN.2 无纪年（1898），老江南

50C KN.3 己亥纪年（1899）　　　　　　　　　　　　　50C KN.4 庚子纪年（1900）

光绪元宝库平一钱四分四厘（二角，20C）

20C KN.1 无纪年（1897），英国伯明翰厂样币　　　　　　20C KN.2 无纪年（1898），老江南

20C KN.3.1 戊戌纪年（1898），龙外有圈　　　　　　　　20C KN.3.2 戊戌纪年（1898）

面值	编号	普品	极美	近未使用	未使用	面值	编号	普品	极美	近未使用	未使用
50C	KN.1				无定价	50C	KN.2	15万	30万	60万	200万+
50C	KN.3				无定价	50C	KN.4				无定价
20C	KN.1				无定价	20C	KN.2	3 000	8 000	1.5万	3万+
20C	KN.3.1	5 000	1万	3万	8万+	20C	KN.3.2	1 000	3 000	5 000	2万+

20C KN.3.3 戊戌纪年（1898），大字面

老龙　　　　卡通龙　　　　新龙

20C KN.4.1 己亥纪年（1899）

20C KN.4.2 己亥纪年（1899），卡通龙

20C KN.4.3 己亥纪年（1899），新龙

20C KN.5.1 庚子纪年（1900）

20C KN.5.2 庚子纪年（1900），卡通龙

20C KN.5.3 庚子纪年（1900），新龙

面值	编号	普品	极美	近未使用	未使用	面值	编号	普品	极美	近未使用	未使用
20C	KN.3.3	500	1 500	3 000	8 000+						
20C	KN.4.1	500	1 500	3 000	8 000+	20C	KN.4.2		2 000	4 000	1万+
20C	KN.4.3	300	2 500	5 000	1.5万+	20C	KN.5.1			10万	15万+
20C	KN.5.2	1 000	3 000	6 000	2万+	20C	KN.5.3		1 500	3 000	8 000+

20C KN.6.1 辛丑纪年（1901），新龙　　　　　　　　　20C KN.6.2 辛丑纪年（1901），小龙

20C KN.6.3 辛丑纪年（1901），HAH　　　　　　　　　新龙　　　　小龙

20C KN.7.1 壬寅纪年（1902），新龙　　　　　　　　　20C KN.7.2 壬寅纪年（1902）

20C KN.8.1 癸卯纪年（1903）　　　　　　　　　　　　20C KN.8.2 癸卯纪年（1903），有花

面值	编号	普品	极美	近未使用	未使用	面值	编号	普品	极美	近未使用	未使用
20C	KN.6.1	600	1 200	2 500	6 000+	20C	KN.6.2	600	1 200	2 500	6 000+
20C	KN.6.3	800	1 500	3 000	8 000+						
20C	KN.7.1			10 万	15 万+	20C	KN.7.2	600	1 200	2 500	6 000+
20C	KN.8.1	3 000	1 万	2 万	5 万+	20C	KN.8.2	2 500	8 000	1.5 万	4 万+

20C KN.9 甲辰纪年（1904）　　　　　　　　　SY　　普通

20C KN.10.1 乙巳纪年（1905），SY　　　　20C KN.10.2 乙巳纪年（1905）

宣统元宝库平一钱四分四厘（二角，20C）

20C KN.11 无纪年（1909）

光绪元宝库平七分二厘（一角，10C）

10C KN.1 无纪年（1897），英国伯明翰厂样币　　　10C KN.2 无纪年（1898），老江南

面值	编号	普品	极美	近未使用	未使用	面值	编号	普品	极美	近未使用	未使用
20C	KN.9	2 000	5 000	8 000	3万+						
20C	KN.10.1	1 500	4 000	7 000	3万+	20C	KN.10.2	1 500	4 000	7 000	3万+
20C	KN.11	2 000	5 000	8 000	3万+						
10C	KN.1				无定价	10C	KN.2	2 000	7 000	1.2万	2.5万+

10C KN.3.1 戊戌纪年（1898），龙外有圈　　　　　大英文　　　小英文大边花

10C KN.3.2 戊戌纪年（1898）　　　　　　　　　　小字面　　　　大字面

10C KN.3.3 戊戌纪年（1898），小英文大边花　　　10C KN.3.4 戊戌纪年（1898），大字面

10C KN.4.1 己亥纪年（1899）　　　　　　　　　　10C KN.4.2 己亥纪年（1899），大字面

面值	编号	普品	极美	近未使用	未使用	面值	编号	普品	极美	近未使用	未使用
10C	KN.3.1	4 000	8 000	2 万	4 万+						
10C	KN.3.2	500	1 000	2 000	5 000+						
10C	KN.3.3	800	1 200	2 500	7 000+	10C	KN.3.4	1.5 万			
10C	KN.4.1	500	1 000	2 000	5 000+	10C	KN.4.2	1 500	2 500	5 000	1.5 万+

10C KN.5.1 庚子纪年（1900），竹叶尾　　　　　　　10C KN.5.2 庚子纪年（1900），波纹尾

10C KN.6.1 辛丑纪年（1901），竹叶尾　　　　　　　10C KN.6.2 辛丑纪年（1901），波纹尾

10C KN.6.3 辛丑纪年（1901），HAH，波纹尾　　　　　竹叶尾　　　　波纹尾

10C KN.6.4 辛丑纪年（1901），HAH，竹叶尾

面值	编号	普品	极美	近未使用	未使用	面值	编号	普品	极美	近未使用	未使用
10C	KN.5.1	500	1 000	2 000	5 000+	10C	KN.5.2	500	1 000	2 000	5 000+
10C	KN.6.1	500	1 000	2 000	5 000+	10C	KN.6.2	500	1 000	2 000	5 000+
10C	KN.6.3	500	1 000	2 000	5 000+						
10C	KN.6.4	500	1 000	2 000	5 000+						

10C KN.7.1 壬寅纪年（1902），波纹尾   10C KN.7.2 壬寅纪年（1902），竹叶尾

10C KN.8.1 癸卯纪年（1903），波纹尾   10C KN.8.2 癸卯纪年（1903），竹叶尾

10C KN.9.1 甲辰纪年（1904），波纹尾   10C KN.9.2 甲辰纪年（1904），竹叶尾

10C KN.10.1 乙巳纪年（1905），SY   10C KN.10.2 乙巳纪年（1905）

面值	编号	普品	极美	近未使用	未使用	面值	编号	普品	极美	近未使用	未使用
10C	KN.7.1	500	1 000	2 000	5 000+	10C	KN.7.2	500	1 000	2 000	5 000+
10C	KN.8.1	1 500	3 000	8 000	2万+	10C	KN.8.2	1 500	3 000	8 000	2万+
10C	KN.9.1	1 500	3 000	8 000	2万+	10C	KN.9.2	1 500	3 000	8 000	2万+
10C	KN.10.1	600	1 200	2 500	6 000+	10C	KN.10.2	600	1 200	2 500	6 000+

宣统元宝库平七分二厘（一角，10C）   光绪元宝库平三分六厘（五分，5C）

10C KN.11 无纪年（1909）   5C KN.1.1 无纪年（1897），老江南，英国伯明翰厂样币

5C KN.1.2 无纪年（1897），老江南，英国伯明翰厂红铜试样，单面龙   5C KN.2.1 无纪年（1898），老江南

5C KN.2.2 无纪年（1898），老江南，龙外无圈   5C KN.3 己亥纪年（1899）

5C KN.4 庚子纪年（1900）   5C KN.5 辛丑纪年（1901）

面值	编号	普品	极美	近未使用	未使用	面值	编号	普品	极美	近未使用	未使用
10C	KN.11	1 500	3 000	8 000	2 万+	5C	KN.1.1				无定价
5C	KN.1.2				无定价	5C	KN.2.1		5 万	8 万	12 万+
5C	KN.2.2	3 000	1.2 万	3 万	5 万+	5C	KN.3		4 万	7 万	10 万+
5C	KN.4	1 500	3 000	8 000	2 万+	5C	KN.5			20 万	30 万+

12
陕西省造
SHENSI PROVINCE

(SES)

　　陕西地处华北内陆腹地，黄河中游，东邻山西、河南，南抵湖北、四川，西北连甘肃、宁夏接壤内蒙古。今行政区域面积20.56万平方公里。华夏文化的重要发祥地之一，西周、秦、汉、唐等朝均在陕西建都，简称"陕"或"秦"。清宣统年间人口672万人。

　　光绪二十四年（1898年）陕西巡抚魏光焘奉旨会同户部试办机制银圆，通过上海洋行向英国伯明翰造币厂订购包括五种面值银圆印模在内的全套机器设备，伯明翰厂接单后依约将机具完成并在次年初交付运出，但此年中央整顿各地币厂，陕省是裁撤名单之一，已运至上海的机器移交他厂使用。由于机器上海改送湖北，故早期泉界有陕省银圆为湖北代制一说。因机器不曾运到陕西，所有品相精美的proof级样币均制作于英国。

　　旧时上海泉界动辄以拥有陕西或福建银圆为银币收藏大家之断。20世纪70年代伯明翰厂因扩展业务需要资金，将档案室中留置各国样本的复品出售筹款，有数套样币流入市场为藏家所得，陕西光绪元宝银圆在珍贵大名誉品之列。

清代

光绪元宝库平七钱二分（一圆，$1）

$1 SES.1 无纪年（1898），英国伯明翰厂样币

光绪元宝库平三钱六分（五角，50C）

50C SES.1 无纪年（1898），英国伯明翰厂样币

光绪元宝库平一钱四分四厘（二角，20C）

20C SES.1.1 无纪年（1898），英国伯明翰厂样币

20C SES.1.2 无纪年（1898），英国伯明翰厂红铜试样，单面龙

光绪元宝库平七分二厘（一角，10C）

10C SES.1 无纪年（1898），英国伯明翰厂样币

光绪元宝库平三分六厘（五分，5C）

5C SES.1 无纪年（1898），英国伯明翰厂样币

面值	编号	普品	极美	近未使用	未使用
$1	SES.1				无定价
20C	SES.1.1				无定价
10C	SES.1				无定价

面值	编号	普品	极美	近未使用	未使用
50C	SES.1				无定价
20C	SES.1.2				无定价
5C	SES.1				无定价

13
黑龙江省造
HEILUNGKIANG PROVINCE

（HLK）

    黑龙江省位于中国东北部，北、东部与俄罗斯隔江相望，西与内蒙古相邻，南与吉林省接壤。清代置行省，以边境大河黑龙江得名，简称"黑"或"江"；省会初设龙江府（即齐齐哈尔），现为哈尔滨。全省面积47.3万平方公里，清宣统年间人口156万人。

    因黑龙江当地制钱缺乏，早先曾奏请将黑省官兵军饷交湖北熔银造银圆发放。光绪二十四年（1898年）黑龙江将军恩泽奏准派员赴沪向德国洋行订购全套设备，并在省城择地设局。机器向德国舒勒厂订购，币模由其委托合作伙伴拜赫厂雕刻，与安徽、浙江、奉天等省的来源相同，故样式及蟠龙皆相似。

    由于奏准日期较其他各省为迟，且地处北端，开辟又晚，全年雨多寒早备料不易，适合工作的时间甚短，故完工较迟。光绪二十六年（1900年）初机器各件方先后运抵，计划调湖北工匠来江支援。不久爆发了庚子事变，俄军趁机入侵东北，四处劫掠并占地多处，黑龙江银圆局被毁，未再开办，黑龙江省争取多年要求设局造币最终未能实现。

    存世有罕见之德国雕模试样的"黑龙江省造"七钱二分、三钱六分、一钱四分四厘及七分二厘银币黄铜样四种，目前三分六厘暂未发现。

清代

光绪元宝库平七钱二分（一圆，$1）

$1 HLK.1 无纪年（1899），德国拜赫厂黄铜试样

光绪元宝库平三钱六分（五角，50C）

50C HLK.1 无纪年（1899），德国拜赫厂黄铜试样

光绪元宝库平一钱四分四厘（二角，20C）　　　光绪元宝库平七分二厘（一角，10C）

20C HLK.1 无纪年（1899），德国拜赫厂黄铜试样　　10C HLK.1 无纪年（1899），德国拜赫厂黄铜试样

面值	编号	普品	极美	近未使用	未使用	面值	编号	普品	极美	近未使用	未使用
$1	HLK.1				300万+						
50C	HLK.1			80万	120万+						
20C	HLK.1				无定价	10C	HLK.1				无定价

14 四川省造
SZECHUEN PROVINCE

(SC)

四川位于西南，地跨青藏高原东缘与四川盆地。四周与湖北、湖南、贵州、云南、西藏、青海、甘肃、陕西接壤。今行政区域面积48.6万平方公里。北宋设川峡四路，简化为四川，明代置省，又因春秋有蜀国，故简称"川"或"蜀"。清宣统年间人口5 450万人。

光绪二十二年（1896年），四川总督奏准开办银圆局，向美国汉立克纳浦厂（Ferracute Machine Co.,）订购机器设备，次年交运。光绪二十四年（1898年）六月，成都机器局内新建厂房落成机器也运到，在洋匠指导下开工。隔年六月，各省奉旨将银圆改由鄂、粤代造，川厂停工。光绪二十七年（1901年），川督以该省地僻道险，求邻靡易为由，奏准后重新开设。经向藩库借款及派员赴鄂考察，同年底开局专造七二银圆。次年设成都、重庆两局，专司营销回换事宜。

辛亥革命爆发后，四川革命党人在重庆成立军政府宣布独立，并以"汉"字旗为义军标志。民国元年四川归于一统，军政府接收原度支部成都造币厂分厂，改名为四川造币厂，以军政府名义发行"汉"字四川银币，称"四川汉字大洋"或"大汉银币"，数额庞大，版式亦极其繁杂。民初川省军阀割据，自设币厂滥发低色银铜币筹饷。其中若干已成为具有收藏价值的文物，如1928年（民国十七年）四川地名的孙像嘉禾壹圆及伍角银币，1932年川康刘文辉在康定制作之二角型银质刘像"川康军御藏纪念币"。其他有无地名之"元年双旗醒狮"贰角等。

成都造币厂在清季开办之初规模宏大，军阀混战下时作时辍，1931年左右完全停工。抗战爆发后本拟恢复但场地被军队占用，改于重庆租地整建并在1938年中开工造辅币，只是产量太小，经协调取回成都厂再予整修，并在1938年底生产镍币。抗战末期因货币贬值停摆。1949年间，为稳定边陲及少数民族地区的金融及繁荣曾制作民国三年版袁像银圆，有"三角圆"版出自成都厂之说。

受邻省云南发行的镍币流入影响，四川省仿民初天津总厂嘉禾铜元形式，在成都造币厂制作无地名"民国十四年"（1925年）伍分镍币，因材料来源困难未发行流通，罕见。另有无纪年"一角"双旗图案镍币一种，工艺粗糙，应是军阀私版。

清代

光绪元宝库平七钱二分（一圆，$1）

中国银圆的珍稀大名誉品——"四川楷书"

四川光绪元宝银币中有种珍稀版式，其"宝"字从"缶"，俗称"缶宝"或"四川楷书"。目前尚无其出处的直接证据，根据版式分析，可能为广东厂代刻模具。"缶宝"现有七钱二分、三钱六分、一钱四分四厘等全套五种面值，制作非常精美但雕刻水平不一，来源有待进一步考证。"四川楷书"为中国银圆的珍稀大名誉品。

$1 SC.1 无纪年（1896），缶宝

美国汉立克纳浦厂"尒宝"样币及试样

川厂开制时的币模在美国雕刻，计七钱二分、三钱六分、一钱四分四厘、七分二厘及三分六厘全套五种，系比照广东银币样式只更改省名，宝字从尒俗称"尒宝"。有极罕见之原厂银样及铜、铝试样，其中银样与铜试样稍多。其特征为"造"字的告部横撇不连、"库"字车部竖不出头及"平""钱""分"等写法类似广东银圆中习称的"喜敦版"，左右两侧十字花星中心无点。由于机具运送途中在码头遭洪水淹没锈蚀，币模在当地重刻，故好品少而版别甚多；以阿拉伯数字73错版、平头车及钱字折金版等三种最少见。

$1 SC.2.1 无纪年（1897），美国汉立克纳浦厂样币

$1 SC.2.2 无纪年（1897），美国汉立克纳浦厂黄铜试样　　　　$1 SC.2.3 无纪年（1897），美国汉立克纳浦厂铝试样

面值	编号	普品	极美	近未使用	未使用	面值	编号	普品	极美	近未使用	未使用
$1	SC.1				无定价						
$1	SC.2.1				无定价						
$1	SC.2.2			25万	50万+	$1	SC.2.3				无定价

$1 SC.3.1 无纪年（1898），平头车　　　　　　　　$1 SC.3.2 无纪年（1898），剑毛龙

$1 SC.3.3 无纪年（1898），剑毛龙、大点绪　　　平头车　　普绪　　大点绪

$1 SC.3.4 无纪年（1898），四角龙　　　　　　　　$1 SC.3.5 无纪年（1898），四角龙，大点绪

面值	编号	普品	极美	近未使用	未使用	面值	编号	普品	极美	近未使用	未使用
$1	SC.3.1	1万	5万	10万	25万+	$1	SC.3.2	3 000	2万	4万	12万+
$1	SC.3.3	3 000	2.5万	5万	15万+						
$1	SC.3.4	3 000	1.8万	3.5万	10万	$1	SC.3.5	3 000	2万	4万	12万+

$1 SC.3.6 无纪年（1898），四角龙，大点绪骑字　　　　　$1 SC.3.7 无纪年（1898），四角龙，大点绪长须

$1 SC.3.8 无纪年（1898），大头龙　　　　　$1 SC.3.9 无纪年（1898），大头龙，大点绪

$1 SC.3.10 无纪年（1898），尖角龙　　　　　$1 SC.3.11 无纪年（1898），尖角龙，7.3

面值	编号	普品	极美	近未使用	未使用	面值	编号	普品	极美	近未使用	未使用
$1	SC.3.6	1.5万	6万	12万	30万+	$1	SC.3.7	1万	5万	10万	25万
$1	SC.3.8	3 000	1.5万	3万	8万+	$1	SC.3.9	1.5万	6万	12万	30万+
$1	SC.3.10	3 000	1.5万	3万	8万+	$1	SC.3.11	1万	5万	10万	25万+

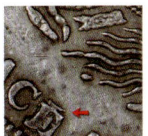

骑字　　折金

$1 SC.3.12 无纪年（1898），尖角龙，大点绪

$1 SC.3.13 无纪年（1898），狭面龙　　　　　　　$1 SC.3.14 无纪年（1898），狭面龙，大点绪

$1 SC.3.15 无纪年（1898），阔面龙　　　　　　　$1 SC.3.16 无纪年（1898），阔面龙，折金

面值	编号	普品	极美	近未使用	未使用	面值	编号	普品	极美	近未使用	未使用
$1	SC.3.12	4 000	2.5 万	5 万	15 万+						
$1	SC.3.13	3 000	1.5 万	3 万	8 万+	$1	SC.3.14	5 000	3 万	6 万	18 万+
$1	SC.3.15	3 000	1.5 万	3 万	8 万+	$1	SC.3.16	8 000	4 万	8 万	22 万+

$1 SC.3.17 无纪年（1898），阔面龙，大点绪　　　　　　　　$1 SC.3.18 无纪年（1898），乖乖龙

$1 SC.3.19 无纪年（1898），长点绪兔龙　　　　　　　　$1 SC.3.20 无纪年（1898），逆刺龙

宣统元宝库平七钱二分（一圆，$1）

$1 SC.4.1 无纪年（1909）　　　　　　　　$1 SC.4.2 无纪年（1909），大珠圈

面值	编号	普品	极美	近未使用	未使用	面值	编号	普品	极美	近未使用	未使用
$1	SC.3.17	1万	4万	8万	22万+	$1	SC.3.18	2万	6万	12万	30万+
$1	SC.3.19	2万	6万	12万	30万+	$1	SC.3.20	2万	6万	12万	30万+
$1	SC.4.1	4 000	2万	4万	12万+	$1	SC.4.2	1万	4万	8万	22万+

光绪元宝库平三钱六分（五角，50C）

50C SC.1 无纪年（1896），缶宝

50C SC.2.1 无纪年（1897），美国汉立克纳浦厂样币　　　50C SC.2.2 无纪年（1897），美国汉立克纳浦厂黄铜试样

50C SC.3.1 无纪年（1898），平头车

50C SC.3.2 无纪年（1898），剑毛龙　　　50C SC.3.3 无纪年（1898），大角龙

面值	编号	普品	极美	近未使用	未使用	面值	编号	普品	极美	近未使用	未使用
50C	SC.1				无定价						
50C	SC.2.1				无定价	50C	SC.2.2			30万	60万+
50C	SC.3.1	4 000	2万	4万	12万+						
50C	SC.3.2	4 000	1.8万	3.5万	10万+	50C	SC.3.3	5 000	2.5万	5万	15万+

50C SC.3.4 无纪年（1898），笑脸龙　　　　　　50C SC.3.5 无纪年（1898），獠牙龙

宣统元宝库平三钱六分（五角，50C）

50C SC.4 无纪年（1909）

光绪元宝库平一钱四分四厘（二角，20C）

20C SC.1 无纪年（1896），岙宝　　　　　　20C SC.2.1 无纪年（1897），美国汉立克纳浦厂样币

20C SC.2.2 无纪年（1897），美国汉立克纳浦厂黄铜试样　　20C SC.2.3 无纪年（1897），美国汉立克纳浦厂合金试样

面值	编号	普品	极美	近未使用	未使用	面值	编号	普品	极美	近未使用	未使用
50C	SC.3.4	5 000	2.5万	5万	15万+	50C	SC.3.5	5 000	3万	6万	18万+
50C	SC.4	1万	5万	10万	25万+						
20C	SC.1				无定价	20C	SC.2.1				无定价
20C	SC.2.2			10万	20万+	20C	SC.2.3				无定价

20C SC.3.1 无纪年（1898），美国版　　　　　　　　　　20C SC.3.2 无纪年（1898）

宣统元宝库平一钱四分四厘（二角，20C）

20C SC.4 无纪年（1909）

光绪元宝库平七分二厘（一角，10C）

10C SC.1 无纪年（1896），缶宝　　　　　　　　　　10C SC.2.1 无纪年（1897），美国汉立克纳浦厂样币

10C SC.2.2 无纪年（1897），美国汉立克纳浦厂黄铜试样　　　　10C SC.2.3 无纪年（1897），美国汉立克纳浦厂合金试样

面值	编号	普品	极美	近未使用	未使用	面值	编号	普品	极美	近未使用	未使用
20C	SC.3.1	5 000	3万	6万	18万+	20C	SC.3.2	4 000	1.8万	3.5万	10万+
20C	SC.4				无定价						
10C	SC.1				无定价	10C	SC.2.1				无定价
10C	SC.2.2			5万	10万+	10C	SC.2.3				无定价

10C SC.2.4 无纪年（1897），美国汉立克纳浦厂红铜试样　　　　10C SC.3.1 无纪年（1898），美国版

宣统元宝库平七分二厘（一角，10C）

10C SC.3.2 无纪年（1898），VD 大字　　　　10C SC.4 无纪年（1909）

光绪元宝库平三分六厘（五分，5C）

5C SC.1 无纪年（1896），岙宝　　　　5C SC.2.1 无纪年（1897），美国汉立克纳浦厂样币

5C SC.2.2 无纪年（1897），美国汉立克纳浦厂黄铜试样　　　　5C SC.2.3 无纪年（1897），美国汉立克纳浦厂合金试样

面值	编号	普品	极美	近未使用	未使用	面值	编号	普品	极美	近未使用	未使用
10C	SC.2.4				无定价	10C	SC.3.1	300	1 500	6 000	2 万+
10C	SC.3.2	3 000	8 000	2 万	5 万+	10C	SC.4	1 000	3 000		2 万+
5C	SC.1				无定价	5C	SC.2.1				无定价
5C	SC.2.2			6 万	12 万+	5C	SC.2.3				无定价

5C SC.3.1 无纪年（1898），美国版　　　　　　　　　5C SC.3.2 无纪年（1898）

宣统元宝库平三分六厘（五分，5C）

5C SC.4 无纪年（1909）

卢比（Rupee）

藏洋——四川卢比

因西部青藏高原地处偏远交通不便，英属印度的卢比银币一度在当地流通，鉴于此有碍主权亦造成利权外溢，川督遂奏请照印度卢比样式在川省机器局试造重三钱二分的四川卢比银币抵制，亦称"藏洋"，是清代唯一有帝王像的硬币。四川卢比的版别颇多，基本上按正面光绪帝像有无衣领及背面汉字中央花饰的直向或横向来区分。据近年国内外文献考证，四川卢比是"先斩后奏"，光绪二十八年（1902年）开制、光绪三十二年（1906年）批准。

鑪关足银

在藏洋量产前，打箭炉（今康定）当地以土法打制仿印度卢比形制的银钱，称"鑪关足银"，罕见。

Rupee SC.1 鑪关足银

面值	编号	普品	极美	近未使用	未使用	面值	编号	普品	极美	近未使用	未使用
5C	SC.3.1	2 500	6 000	1.5 万	3 万+	5C	SC.3.2	2 500	6 000	1.5 万	3 万+
5C	SC.4	1 万	3 万	5 万	10 万+						
Rupee	SC.1	15 万	25 万+								

Rupee SC.2 无纪年（1902—），铜试样

无领 / 有领　　横花 / 竖花　　普通 / 五节辫

Rupee SC.3.1 无纪年（1902—）一期无领横花

Rupee SC.3.2 无纪年（1902—）一期无领横花，五节辫　　　　Rupee SC.3.3 无纪年（1902—）一期无领竖花

Rupee SC.3.4 无纪年（1902—）一期有领竖花　　　　Rupee SC.3.5 无纪年（1902—）一期有领竖花，金

面值	编号	普品	极美	近未使用	未使用	面值	编号	普品	极美	近未使用	未使用
Rupee	SC.2				无定价						
Rupee	SC.3.1	4 000	1万	2.5万	6万+						
Rupee	SC.3.2	5 000	1.5万	6万	15万+	Rupee	SC.3.3	6 000	1.5万	3.5万	8万+
Rupee	SC.3.4	3 000	5 000	1.5万	3万+	Rupee	SC.3.5				无定价

Rupee SC.3.6 无纪年（1902—）一期有领竖花，铜试样　　　　Rupee SC.3.7 无纪年（1902—）一期有领竖花，无缘铜试样

Rupee SC.3.8 无纪年（1902—）单面铜试样　　　　Rupee SC.3.9 无纪年（1902—）合面，金

Rupee SC.3.10 无纪年（1902—）一期有领竖花，蝴蝶花　　　　普通　　蝴蝶花

Rupee SC.3.11 无纪年（1902—）二期有领竖花　　　　Rupee SC.3.12 无纪年（1902—）二期有领横花

面值	编号	普品	极美	近未使用	未使用	面值	编号	普品	极美	近未使用	未使用
Rupee	SC.3.6				无定价	Rupee	SC.3.7				无定价
Rupee	SC.3.8				无定价	Rupee	SC.3.9				无定价
Rupee	SC.3.10	2万	6万	15万	35万+						
Rupee	SC.3.11	3 000	5 000	1.5万	3万+	Rupee	SC.3.12	1.5万	3万	8万	20万+

Rupee SC.3.13 无纪年（1902—），微笑　　　　　　　　Rupee SC.3.14 无纪年（1902—）三期

½ 卢比（½ Rupee）

Rupee SC.3.15 无纪年（1902—）四期　　　　　　　　½ R SC.1.1 无纪年（1902—）

¼ 卢比（¼ Rupee）

½ R SC.1.2 无纪年（1902—），金　　　　　　　　¼ R SC.1.1 无纪年（1902—）

¼ R SC.1.2 无纪年（1902—），九节辫　　　　　　　　¼ R SC.1.3 无纪年（1902—），九节辫，金

面值	编号	普品	极美	近未使用	未使用	面值	编号	普品	极美	近未使用	未使用
Rupee	SC.3.13	1 万	3 万	8 万	18 万 +	Rupee	SC.3.14	2 500	5 000	8 000	3 万 +
Rupee	SC.3.15	2 000	4 000	8 000	3 万 +	½ R	SC.1.1	1 500	8 000	2 万	6 万 +
½ R	SC.1.2	1 500	8 000	2 万	6 万 +	¼ R	SC.1.1	1 500	8 000	2 万	6 万 +
¼ R	SC.1.2	2 000	1 万	2.5 万	10 万 +	¼ R	SC.1.3				无定价

民国时期

壹圆（一圆，$1）

四川汉字大洋

四川汉字大洋正面中心刻花饰据说是芙蓉，以代表别号芙蓉城的成都。汉字大洋问世后，除重庆造币厂外，该省各路军阀只要有机器、工匠，便随意设厂滥制，数额庞大，版式极其杂乱。汉字大洋壹圆的版式中以"银"字金部之两点与王字不连接的"点金版"最为稀少；五角则以中心芙蓉有如"佛手花"者最为罕见，一般认为两者是重庆厂所出。

$1 SCR.1.1 民国元年（1912）军政府

$1 SCR.1.2 民国元年（1912）军政府，分水汉　　　　$1 SCR.1.3 民国元年（1912）军政府，点金

$1 SCR.1.4 民国元年（1912）军政府，点金，黄铜试样　　$1 SCR.1.5 民国元年（1912）军政府，出须

面值	编号	普品	极美	近未使用	未使用	面值	编号	普品	极美	近未使用	未使用
$1	SCR.1.1	1 500	3 500	8 000	2万+						
$1	SCR.1.2	2万	5万	15万	40万+	$1	SCR.1.3	1.5万	4万	10万	25万+
$1	SCR.1.4				无定价	$1	SCR.1.5	2 000	4 500	1.5万	4万+

$1 SCR.1.6 民国元年（1912）军政府，军阀版　　　　　$1 SCR.2 民国十七年（1928）孙中山像

伍角、五角（五角，50C）

50C SCR.1.1 民国元年（1912）军政府　　　　　50C SCR.1.2 民国元年（1912）军政府，黄铜试样

50C SCR.1.3 民国元年（1912）军政府，佛手花　　　　　50C SCR.2 民国十七年（1928）孙中山像

面值	编号	普品	极美	近未使用	未使用	面值	编号	普品	极美	近未使用	未使用
$1	SCR.1.6	4 000	8 000	2万	6万+	$1	SCR.2				无定价
50C	SCR.1.1	4 000	1万	2.5万	8万+	50C	SCR.1.2				无定价
50C	SCR.1.3	1万	3万	8万	20万+	50C	SCR.2				无定价

二角（20C）

20C SCR.1 民国元年（1912）醒狮

20C SCR.2 民国元年（1912）军政府

20C SCR.3 壬申纪年（1932）川康军御藏纪念币

川康军御藏纪念币

币面为刘文辉胸像，上方有"川康军御藏纪念币"八字，下方有"总指挥刘赠"五字，左右两侧刊干支纪年"壬申"；背面为双旗图案及公历纪年"1932"等，上方有"和爱团结向前奋斗"八字，下方有"余松琳监制"五字，左右两侧为嘉禾图案。此币系为纪念1932年"川康军"反击藏军而造的纪念币。

一角（10C）

10C SCR.1 民国元年（1912）军政府

面值	编号	普品	极美	近未使用	未使用	面值	编号	普品	极美	近未使用	未使用
20C	SCR.1			无定价							
20C	SCR.2	8 000	2万	8万	20万+						
20C	SCR.3			无定价							
10C	SCR.1	6 000	2万	8万	20万+						

一角镍币（10C）

10C SCR.2.1 无纪年（约 1926）双旗

10C SCR.2.2 无纪年（约 1926）双旗，铁

10C SCR.2.3 无纪年（约 1926）双旗，黄铜

伍分镍币（五分，5C）

5C SCR.1.1 民国十四年（1925），样币

5C SCR.1.2 民国十四年（1925）

面值	编号	普品	极美	近未使用	未使用
10C	SCR.2.1		1.5 万+		
10C	SCR.2.2		1 万+		
5C	SCR.1.1				无定价

面值	编号	普品	极美	近未使用	未使用
10C	SCR.2.3		3 万+		
5C	SCR.1.2		4 万	8 万	12 万+

15

京局造

PEKING (THE IMPERIAL CITY)

(PK)

京局全名"京都制造银圆局",位于北京。清末户口统计,北京都城内外人口约78万人,直隶全省人口为2 297万人。

光绪二十五年四月(1899年6月),清政府以各省设厂造币是权宜之计为由,下令除粤、鄂两局外,其他各局一律停办。后因各省督抚抵制,又核准江南、北洋与吉林三局续造。但与此同时,庆亲王奕劻请求会同户部在京师试办机器制造银圆获准,定名"京都制造银圆局",此即"京局"由来。开办京局用的造币设备来自停办的浙江银圆局原有之德国机器,此外,聘请广东钱局监工洋员规划京局的建厂。翌年初向英国伯明翰造币厂添购机器,另委托雕刻师制作五种面值的币模一套。

京局规模不大,在增购设备尚未运到前即于庚子年五月二十六日(1900年6月22日)夜义和团攻打使馆区时被毁。仅有少数"二角"、"一角"样币及"一角"以外的四套钢模流入市面。钢模流转至上海与(或)香港时曾复制多枚,因此,除英国雕刻师自存的全套五枚光边样币外,原制版存世仅知"二角"及"一角"银币两种;后制版有"一圆"、"五角"、"二角"及"五分"四种,系在上海与(或)香港以除"一角"以外的原模压印。由于京局筹建于乱世,"京局制造"银币从未正式发行,试造样币之事更鲜为人知,来龙去脉众说纷纭,历时多年才逐渐明朗,成为最具传奇性的中国龙银,无论原制、后制版皆为大名誉品。

清代

光绪元宝库平七钱二分（一圆，$1）

$1 PK.1 庚子纪年（1900），带编号存样

$1 PK.2 庚子纪年（1900），后制

$1– 编号	50C– 编号	20C– 编号	10C– 编号	5C– 编号

面值	编号	普品	极美	近未使用	未使用
$1	PK.1				无定价
$1	PK.2				80万+

光绪元宝库平三钱六分（五角，50C）

50C PK.1 庚子纪年（1900），带编号存样　　　　　　　50C PK.2 庚子纪年（1900），后制

光绪元宝库平一钱四分四厘（二角，20C）

20C PK.1 庚子纪年（1900），带编号存样

20C PK.2.1 庚子纪年（1900），原制

京局的"原制"与"后制"版

后制版有"一圆"、"五角"、"二角"及"五分"四种，系在上海与（或）香港以除"一角"以外的原模压印。由于京局是在乱世中筹建，"京局制造"银币从未正式发行，试造样币之事更鲜为人知，来龙去脉众说纷纭，历时多年才逐渐明朗，成为最具传奇性的中国龙银，无论原制、后制版皆为大名誉品。

20C PK.2.2 庚子纪年（1900），后制

面值	编号	普品	极美	近未使用	未使用	面值	编号	普品	极美	近未使用	未使用
50C	PK.1				无定价	50C	PK.2				40万+
20C	PK.1				无定价						
20C	PK.2.1				60万+						
20C	PK.2.2				20万+						

光绪元宝库平七分二厘（一角，10C）

10C PK.1 庚子纪年（1900），带编号存样　　　　　10C PK.2 庚子纪年（1900），原制

光绪元宝库平三分六厘（五分，5C）

5C PK.1 庚子纪年（1900），带编号存样　　　　　5C PK.2 庚子纪年（1900），后制

面值	编号	普品	极美	近未使用	未使用	面值	编号	普品	极美	近未使用	未使用
10C	PK.1				无定价	10C	PK.2				60万+
5C	PK.1				无定价	5C	PK.2				20万+

16

东三省造

MANCHURIAN PROVINCE

(MCR)

　　东三省即清末东北的奉天、吉林、黑龙江三个省级行政区的合称，相当今辽宁省、吉林省、黑龙江省。面积78.73万平方公里，清宣统年间人口合计约1 274万人。

　　日俄战争后奉天局停造银币，只产铜元，未几市面现洋开始短缺。光绪三十三年（1907年）清政府将奉天、吉林、黑龙江改为行省，由徐世昌担任总督，徐将奉天、吉林两局合并成"东三省制造银圆总局"，银币铭文"东三省造"。次年东三省造正式流通的银币有七钱二分、三钱六分、一钱四分四厘及七分二厘四种面值，因东北地区通用双角小毫，其他面值在年底被大量回炉，改成二角型。改元后继续发行"宣统"年号的二角型银毫。宣统二年度支部（前身户部）整顿币制，各地方造币权收归中央，在天津设置造币总厂。东三省制造银圆总局改为奉天造币分厂，仍然只造二角型小银币。

　　民国初年未获总厂颁给祖模前，奉天都督张锡銮经财政部核准后由奉天造币厂以前清宣统朝原模为蓝本，稍加改刻，继续生产二角型银币供市场使用。这些小银币制额庞大，版式杂多；中心有满文的为清代所造，中心无满文及梅花的为民国时期所造。袁像壹圆银币发行后，也在奉厂生产，1919—1923年造币厂并入军械厂，其间断断续续生产银铜币，1926—1928年曾恢复银圆的生产，铜元则持续到1930年。日本侵华后成为伪满洲国"中央银行"造币厂，经日方规划更新设备厂房改生产伪满及伪蒙硬币。抗战胜利后，中央银行接收改为中央造币厂沈阳保管处。新中国成立后，1949—1953年为稳定边陲及少数民族地区的金融，制作民国三年版袁像银圆。多次更名，1987年定名沈阳造币厂，生产人民币流通硬币及金银纪念币章至今。

清代

光绪元宝库平七钱二分（一圆，$1）

$1 MCR.1.1 光绪三十三年（1907），样币

$1 MCR.1.2 光绪三十三年（1907）

光绪元宝库平三钱六分（五角，50C）

50C MCR.1 光绪三十三年（1907）

光绪元宝库平一钱四分四厘（二角，20C）

20C MCR.1.1 光绪三十三年（1907），一点星

20C MCR.1.2 光绪三十三年（1907），单星花

20C MCR.1.3 光绪三十三年（1907），三星花

面值	编号	普品	极美	近未使用	未使用
$1	MCR.1.1			30万	120万+
50C	MCR.1	2万	5万	10万	20万+
20C	MCR.1.2	500	1 000	1 500	2 500+

面值	编号	普品	极美	近未使用	未使用
$1	MCR.1.2	3万	7万	12万	25万+
20C	MCR.1.1	1 000	2 000	3 000	6 000+
20C	MCR.1.3	500	1 000	1 500	2 500+

宣统元宝库平一钱四分四厘（二角，20C）

20C MCR.2.1 无纪年（1909）中满文单星花，1st　　　　20C MCR.2.2 无纪年（1909）中满文单星花，FIRST

20C MCR.3 无纪年（1909）中满文五角星，FIRST　　　1st YEAR　　FIRST YEAR　　MANCHURIAN

20C MCR.4.1 无纪年（1909）中满文三星花，FIRST　　20C MCR.4.2 无纪年（1909）中满文三星花，长花1.44

20C MCR.4.3 无纪年（1909）中满文三星花，缶宝

东北地区通用双角小毫

因东北地区通用双角小毫，其他面值银币在年底被大量改成二角型银币。改元后继续发行"宣统"年号的二角型银毫。宣统二年度支部（前身户部）整顿币制，各地方造币权收归中央，在天津设置造币总厂。东三省制造银圆总局改奉天造币分厂，仍然只造二角型小银币。

面值	编号	普品	极美	近未使用	未使用	面值	编号	普品	极美	近未使用	未使用
20C	MCR.2.1	500	1 000	1 500	2 500+	20C	MCR.2.2	500	1 000	1 500	2 500+
20C	MCR.3	500	1 000	1 500	2 500+						
20C	MCR.4.1	500	1 000	1 500	2 500+	20C	MCR.4.2	500	1 000	1 500	2 500+
20C	MCR.4.3	500	1 000	1 500	2 500+						

20C MCR.5.1 无纪年（1909）无花，长花1.44　　　　20C MCR.5.2 无纪年（1909）无花

20C MCR.6.1 无纪年（1909）中花　　　　20C MCR.6.2 无纪年（1909）中花，花内点

20C MCR.6.3 无纪年（1909）中花，边花下点

宣统元宝民国造

民国初年未获总厂颁给祖模前，奉天都督张锡銮经财政部核准后由奉天造币厂以前清宣统朝原模为蓝本，稍加修改，继续生产二角型银币以应市场所需。这些小银币制额庞大，版式杂多；中心有满文的为清代所造，中心无满文及梅花的为民国时期所造。

光绪元宝库平七分二厘（一角，10C）

10C MCR.1 光绪三十三年（1907）

面值	编号	普品	极美	近未使用	未使用
20C	MCR.5.1	500	1 000	1 500	2 500+
20C	MCR.6.1	500	1 000	1 500	2 500+
20C	MCR.6.3	500	1 000	1 500	2 500+
10C	MCR.1	1 500	4 000	6 000	1.5万+

面值	编号	普品	极美	近未使用	未使用
20C	MCR.5.2	500	1 000	1 500	2 500+
20C	MCR.6.2	500	1 000	1 500	2 500+

17

云南省造
YUNNAN PROVINCE

（YN）

云南地处中国西南边陲，位于云贵高原西南部。明置省，以云岭之南得名，简称"云"或"滇"。其东部与贵州、广西毗连，北部与四川相连，西北部紧依西藏，西部与缅甸接壤，南部和老挝、越南为邻。云南自古就是中国连接东南亚各国的陆路通道，今行政区域面积39.41万平方公里。清宣统年间人口805万人。

云南自古即为重要白银产地，清末时多用俗称的"牌坊锭"或"马鞍银"五两银锭，银圆的引进迟于他省。20世纪初兴建滇越铁路，大量外国银圆流入作为劳工工资及费用，银圆逐渐流行。光绪三十一年，滇省洽购德国机器筹设云南银圆局，购地建厂，机器分批运到。光绪三十四年正月（1908年2月）滇局改名度支部云南造币分厂，正式生产"光绪元宝"银圆，是清代成立最晚的造币厂。币制整顿时滇厂并未裁撤，继续生产"宣统元宝"银圆。这两种龙面有英文者，习称"老云南"。宣统三年清政府颁布《币制则例》时各厂收归部办，为统一形制，下令原有祖模一律销毁。

民国成立，在未收到新国币祖模以前，云南地区仍需银圆供流通，故在原有模具销毁情形下发行无英文的"细字细龙"新版银圆，俗称"新云南"，以"半开"（五角型）为主。另有唐继尧像"拥护共和纪念"三钱六分银币两种，侧像者发行于1916年（民国五年），因雕工较差于两年后改为正面像，制额超过侧像甚多。云南造币厂在1920—1930年未正式生产半圆银币，可能"代商附铸"若干低色新云南半开银币。1932年富滇新银行开办，受权管理地方金融，云南造币厂重新发行雕刻以双旗为图案，钤有"民国二十一年"字样的五角、二角银币。

清代

光绪元宝库平七钱二分（一圆，$1）

$1 YN.1.1 无纪年（1908），德国舒勒厂合金试样，厚坯　　　　$1 YN.1.2 无纪年（1908），德国舒勒厂红铜试样

$1 YN.1.3 无纪年（1908），德国舒勒厂红铜试样，德文边　　　德文边

宣统元宝库平七钱二分（一圆，$1）

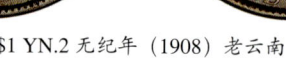

$1 YN.2 无纪年（1908）老云南　　　　　　　　$1 YN.3 无纪年（1909）

面值	编号	普品	极美	近未使用	未使用	面值	编号	普品	极美	近未使用	未使用
$1	YN.1.1				无定价	$1	YN.1.2				无定价
$1	YN.1.3				无定价						
$1	YN.2	8 000	1.5 万	4 万	10 万 +	$1	YN.3	8 000	1.5 万	4 万	10 万 +

$1 YN.4 庚戌春季（1910）

"庚戌春季云南造" 大珍

宣统元宝库平七钱二分有版币面铭文"庚戌春季云南造"，是绝无仅有加注季节的银圆，极其罕见，大珍。

光绪元宝库平七钱二分（一圆，$1）

$1 YN.5.1 无纪年（1911）新云南，团龙

$1 YN.5.2 无纪年（1911）新云南，团龙珠下四圈

光绪元宝库平三钱六分（五角，50C）

50C YN.1.1 无纪年（1908），德国舒勒厂样币

50C YN.1.2 无纪年（1908），德国舒勒厂红铜试样

面值	编号	普品	极美	近未使用	未使用	面值	编号	普品	极美	近未使用	未使用
$1	YN.4				无定价						
$1	YN.5.1	4 000	8 000	1.8 万	6 万+	$1	YN.5.2	4 000	8 000	1.8 万	6 万+
50C	YN.1				无定价	50C	YN.1.2				40 万+

宣统元宝库平三钱六分（五角，50C）

50C YN.2 无纪年（1908）老云南

50C YN.3.1 无纪年（1909），光绪龙

50C YN.3.2 无纪年（1909），九火焰

光绪龙　　宣统龙

光绪元宝库平三钱六分（五角，50C）

50C YN.4.1 无纪年（1911）新云南，团龙珠下二圈

50C YN.4.2 无纪年（1911）新云南，团龙珠下三圈

50C YN.4.3 无纪年（1911）新云南，团龙珠下四圈

50C YN.4.4 无纪年（1911）新云南，长光，珠下二圈

面值	编号	普品	极美	近未使用	未使用	面值	编号	普品	极美	近未使用	未使用
50C	YN.2	2 000	5 000	1.2 万	3 万+	50C	YN.3.1	2 000	5 000	1.2 万	3 万+
50C	YN.3.2	500	1 500	2 000	5 000+						
50C	YN.4.1	500	1 500	2 000	5 000+	50C	YN.4.2	500	1 000	2 000	5 000+
50C	YN.4.3	500	1 500	2 000	5 000+	50C	YN.4.4	500	1 000	2 000	5 000+

光绪元宝库平一钱四分四厘（二角，20C）

20C YN.1 无纪年（1908），德国舒勒厂红铜试样

20C YN.2 无纪年（1908）老云南

20C YN.3.1 无纪年（1911）新云南，团龙珠下二圈　　20C YN.3.2 无纪年（1911）新云南，团龙珠下三圈

光绪元宝库平七分二厘（一角，10C）

10C YN.1 无纪年（1908），德国舒勒厂红铜试样　　10C YN.2 无纪年（1911）新云南，团龙

面值	编号	普品	极美	近未使用	未使用	面值	编号	普品	极美	近未使用	未使用
20C	YN.1				15万+						
20C	YN.2	3 000	6 000	1万	3万+						
20C	YN.3.1	800	1 500	3 000	1.2万+	20C	YN.3.2	800	1 500	3 000	1.2万+
10C	YN.1				15万+	10C	YN.2	800	1 800	3 500	2万+

卢比（Rupee）

云南卢比

存世有正面"YUN-NAN PROVINCE"背面"SILVER COIN"英文之卢比，出处待考，为卢比中的珍品。

Rupee YN.1 云南卢比

民国时期

拾圆、拾元金币（十圆, $10）

$10 YN.1.1 无纪年（1911）唐继尧像　　　　$10 YN.1.2 无纪年（1911）唐继尧像，旗下 1

$10 YN.2 无纪年（1927）滇字

唐像金币和滇字金币

云南财源主要收入的滇锡在一战结束后滞销，而进口物资增多大洋流失，银贵金贱，1919 年（民国八年）当局顺势发行唐像"拥护共和纪念"拾圆金币，次年再增加伍圆面额。因拾圆发行后币模即告失窃，在新模上加"1"（拾圆）及"2"（伍圆）；"滇"字及面值拾元、伍元的金币来源并不明确，真品存世极罕。

伍圆、伍元金币（五圆, $5）

$5 YN.1 无纪年（1920）唐继尧像　　　　$5 YN.2 无纪年（1927）滇字

面值	编号	普品	极美	近未使用	未使用	面值	编号	普品	极美	近未使用	未使用
Rupee	YN.1			50 万	80 万 +						
$10	YN.1.1			15 万	28 万 +	$10	YN.1.2			15 万	28 万 +
$10	YN.2				无定价						
$5	YN.1			10 万	20 万 +	$5	YN.2				无定价

库平三钱六分、半圆（五角，50C）

50C YN.1 无纪年（1916）唐继尧侧面像

唐像半圆与双旗半圆

民国成立后，云南当地流通的银圆有唐继尧像"拥护共和纪念"三钱六分银币两种，侧像者发行于1916年（民国五年），因雕工较差于两年后改为正面像，制额超过侧像甚多。1932年富滇新银行开办，受权管理地方金融，云南造币厂重新发行雕刻以双旗为图案，钤有"民国二十一年"字样的五角、二角银币。

50C YN.2 无纪年（1918）唐继尧正面像　　50C YN.3 民国廿一年（1932）

贰角（二角，20C）

20C YN.1 民国十五年（1926），军民通用　　20C YN.2 民国廿一年（1932）

20C YN.3 民国三十八年（1949）

"胜利堂"贰角

抗战胜利后，国内通货膨胀严重，1949年（民国三十八年）纸币信用崩溃，各地纷纷使用银币，云南利用造币厂旧址制造以孙像船洋、袁像银币及半圆为主的通货，另生产以昆明市抗战胜利纪念堂为图案的二角银毫，习称"胜利堂"或"大会堂"，制额亦多。

面值	编号	普品	极美	近未使用	未使用	面值	编号	普品	极美	近未使用	未使用
50C	YN.1	5 000	1.5万	3万	8万+						
50C	YN.2	2 000	4 000	8 000	1.5万+	50C	YN.3	500	1 000	2 500	5 000+
20C	YN.1			无定价		20C	YN.2	300	600	1 000	2 000+
20C	YN.3	1 000	2 500	5 000	1万+						

壹毫镍币（一角，10C）

10C YN.1.1 民国十二年（1923）　　　　10C YN.1.2 民国十二年（1923），合背

半毫镍币（五分，5C）

5C YN.1 民国十二年（1923）

云南的镍币

1923年（民国十二年）因银价居高不下，滇省当局仿广东样式发行"半毫镍币"与"壹毫镍币"两种，后只造壹毫，分光边、齿边两种。

面值	编号	普品	极美	近未使用	未使用
10C	YN.1.1	50	100	150	1 000+
5C	YN.1	100	200	300	2 000+

面值	编号	普品	极美	近未使用	未使用
10C	YN.1.2	无定价			

18 山西省造
SHANSI PROVINCE

（SS）

　　山西位于华北平原之西，黄土高原之东，周围与河北、河南、陕西、内蒙古接壤，今行政区域面积15.67万平方公里。远古时代即有人类活动，为中华文明的发源地之一。西周晋国之地，简称"晋"。清宣统年间人口942万人。

　　山西曾是中国古代的政治文化中心，清代时，晋商以经营票号闻名，有全国性的影响力，晚清全盛时期各地的汇兑乃至于官方的解饷都由其办理，而各地银两平砝及习用成色之不同造成的差别，是其汇兑的主要利益来源。山西没有设局造币的迫切必要。然而，随着西式银行的兴起与普及，票号未能及时转型。至民国初期，票号陆续歇业倒闭。

　　太原府兵工厂的正式名称是山西机器局，开办于光绪二十四年（1898年），是山西最早的近代机器厂和兵工厂。因光绪二十年（1894年）甲午败战后中国丧失了制海权，沿海兵工厂极易受外敌攻击，清政府决定把军火工业重心移向内陆。山西机器局开局初期以修理枪械为主，兼造大刀长矛，后来逐渐发展为制造步枪等，后改称山西陆军修械所。1918年（民国七年）山西督军兼省长阎锡山为厚植实力，扩建厂房及增设铜元局开始制造铜币，因发行数额庞大出现通货膨胀，在1926年（民国十五年）停止营运。

民国时期

库平一钱四分四厘（二角，20C）

20C SS.1.1 无纪年（1913）宣统元宝

唯一标明山西地名的银币

"山西省造宣统元宝"一钱四分四厘，是唯一标明山西地名的银币。但晋省在清代并无机器造币厂，经考证是1913年（民国二年）左右山西都督为充裕省府公库，仿东三省银角样式在太原兵工厂制造，故背面英文为"MANCHUIAN"。采用宣统年号的目的是让民众误以为是已流通多年的银币。此币按背面龙头宽窄分为大头龙与小头龙两种版式。

20C SS.1.2 无纪年（1913）宣统元宝，小头龙

伍分镍币（五分，5C）

5C SS.1 民国十四年（1925）

山西省造镍币

铜元在滥造下贬值，时任省长阎锡山以畅通金融为由，拟照中央币制条例推行对银圆作价的镍币。此面文"民国十四年当大洋伍分"之"山西省镍币"随造币厂的关闭而终止发行，非常罕见，系中国镍币中的珍稀大名誉品。

面值	编号	普品	极美	近未使用	未使用
20C	SS.1.1	8 000	1.6万	3万	
20C	SS.1.2	8 000	1.6万	3万	
5C	SS.1				无定价

19

广西省造

KWANGSI PROVINCE

(KS)

今广西壮族自治区，位于南部边疆云贵高原东南部，与越南交界。东邻广东，北接贵州，西面云南。清代置省，因秦时为桂林郡辖区，简称"桂"。全省面积23.76万平方公里，清宣统年间人口543万人。

清光绪年间桂省设厂未成，所需银铜币由广东供给；清代广西地名的铜元只有样币，相当珍贵。1919年（民国八年）重新开办，先后在梧州、桂林及南宁设厂仿广东贰毫生产银币及铜仙。因原料供应及军阀间的争权夺利，生产不稳定亦有低劣伪品。国民政府北伐成功，造币权逐渐收归中央，废两改元及法币政策实施后，广西银毫退出流通。

广西在民国期间所造行用贰毫银币有"民国八年"、"民国九年"、"民国十一年"、"民国十二年"、"民国十三年"、"民国十四年"、"民国十五年"及"民国十六年"版六个年份。壹毫只有"民国九年"版，有多种版式。"民国十年"版未发行，有银、铜等多种材质样币，据称是委托美国费城造币厂所制。

恢复银本位期间柳州曾出品著名的1949年（民国三十八年）"象鼻山"贰角。背面以桂林著名景点桃花江与漓江汇合处的象鼻山泛舟风光为图案，以泛舟水波为单、双或左单右双等可分多版，未批量发行，较稀少。

1937年，抗日战争全面爆发后，上海沦陷，上海中央造币厂的设备先迁武昌再转各地，桂林成为后方基地从事生产铜镍辅币。桂林分厂自1938年开制到1944年遣散员工，前后历时六年有余。1949年夏运清全部机器材料，厂房基地交广西省政府接收。

民国时期

贰毫，贰角（二角，20C）

20C KS.1.1 民国八年（1919），SEA

20C KS.1.2 民国八年（1919），SI

20C KS.2.1 民国九年（1920），SEA

20C KS.2.2 民国九年（1920），SI

20C KS.3.1 民国十年（1921）样币

20C KS.3.2 民国十年（1921），镍试样

20C KS.3.3 民国十年（1921），红铜试样

20C KS.4 民国十一年（1922）

面值	编号	普品	极美	近未使用	未使用	面值	编号	普品	极美	近未使用	未使用
20C	KS.1.1	5 000	1万	1.5万	3万+	20C	KS.1.2	4 000	8 000	1.2万	2万+
20C	KS.2.1	5 000	1.5万			20C	KS.2.2	4 000	8 000	1.2万	2万+
20C	KS.3.1				无定价	20C	KS.3.2				无定价
20C	KS.3.3			1.2万	2万+	20C	KS.4	800	1 500	2 000	4 000+

20C KS.5 民国十二年（1923）   20C KS.6.1 民国十三年（1924）

20C KS.6.2 民国十三年（1924），中桂   20C KS.6.3 民国十三年（1924），中桂，SEA

20C KS.7.1 民国十四年（1925）   20C KS.7.2 民国十四年（1925），嘉禾版

20C KS.8 民国十五年（1926）   20C KS.9 民国十六年（1927）

面值	编号	普品	极美	近未使用	未使用	面值	编号	普品	极美	近未使用	未使用
20C	KS.5	800	1 500	2 000	4 000+	20C	KS.6.1	800	1 500	2 000	4 000+
20C	KS.6.2	1 500	3 000	6 000	1.2万+	20C	KS.6.3	2 000	4 000	8 000	1.5万+
20C	KS.7.1	300	800	1 000	2 000+	20C	KS.7.2				无定价
20C	KS.8	300	800	1 000	2 000+	20C	KS.9	300	800	1 000	2 000+

"象鼻山"贰角

恢复银本位期间柳州曾出品著名的1949年（民国三十八年）"象鼻山"贰角。背面以桂林著名景点桃花江与漓江汇合处的象鼻山泛舟风光为图案，以泛舟水波为单、双或左单右双等可分多版。未批量发行，较稀少。

20C KS.10 民国三十八年（1949），象鼻山

壹毫（一角，10C）

10C KS.1 民国九年（1920）　　　　　　　　10C KS.2.1 民国十年（1921），样币，厚坯

10C KS.2.2 民国十年（1921），镍试样　　　　10C KS.2.3 民国十年（1921），红铜试样

10C KS.2.4 民国十年（1921），红铜试样，厚坯　　10C KS.2.5 民国十年（1921），黄铜试样，厚坯

面值	编号	普品	极美	近未使用	未使用	面值	编号	普品	极美	近未使用	未使用
20C	KS.10	1.5万	5万	10万	30万+						
10C	KS.1		1万	1.5万	2万+	10C	KS.2.1				无定价
10C	KS.2.2				无定价	10C	KS.2.3			1万	1.5万+
10C	KS.2.4				无定价	10C	KS.2.5				无定价

半毫镍币（五分，5C）

5C KS.1 民国十二年（1923），半毫镍币

民国十二年半毫镍币

桂省在军阀混战时期，有仿广东形式而只改省名的"民国十二年半毫镍币"一种，产地则有梧州及北海两种说法，制额有限，较少见。

面值	编号	普品	极美	近未使用	未使用
5C	KS.1	2 000	8 000	2万	

20

贵州省造

KWEICHOW PROVINCE

（KC）

贵州位于西南云贵高原东北部，东邻湖南，南界广西、西连云南、北接四川。明置贵州省。省境东北秦时属黔中郡，唐属黔中道，简称"黔"。全省面积17.62万平方公里，清宣统年间人口926万人。

清代黔省无机器造币厂，不过存世有两种受藏家重视的大珍：光绪"十四年"（1888年）及"十六年"（1890年）贵州官炉造"黔宝"银饼。前者另有半圆型，均极罕见。民国成立之初，军阀割据互争地盘，时任四川讨贼军第三师师长周西成自重庆铜元局搬运部分设备到与贵州交界的赤水，成立赤水兵工厂，仿制低色减重的四川大汉及孙像银币，市称"赤造"银圆。周西成任贵州省政府主席兼二十五军军长后，为改善财政、整顿金融，即搬迁机具至贵阳城外南郊，设立了贵阳造币厂，继续生产汉字川洋。

1928年（民国十七年），因推动赈灾工作需要，一条以贵阳为中心，西起安顺北至桐梓之省道完工，为表彰贵州首建公路，周西成命造币厂制银圆以资纪念。这是一枚全球唯一以汽车为图案的流通银币，国际知名。币面草坪中，暗藏"西成"两字。依字体、车头、车门、车轮、草地等差异，有多种版别。解放战争后期，国民党当局滥发纸钞，致使纸钞信用丧失，市面改用金条及银圆。该省财政厅以周西成时期所留场地和设备自行发行了以贵阳名胜甲秀楼为图案的"民国三十八年"壹圆银币；此外也制作了一批数量不多的贰角银毫，背面有"黔"字的"廿分银币"，基本上没有流通。另有两种是正背为"半圆/50"及"廿分/20"的银币、非常罕见，应是样币性质，可能因恢复银本位，生产银毫没有意义而未生产。

清代

黔宝壹两 (一两，Tael)

贵州官炉造黔宝银饼

清代贵州省虽设局铸造过制钱，但不曾有现代化的机器造币厂。然而，却在清光绪年间出产一种向来受到藏家重视的大珍——黔宝银饼。黔宝银饼有"光绪十四年"及"光绪十六年"两种纪年，前者另见半圆型，两种版式存世皆仅知数枚。昔时泉界大家如蒋仲川、施嘉干、张璜、马定祥及耿爱德等均视其为名贵之品。由于尚未见贵州地方文献中有所记载，其来龙去脉不详，众说纷纭。

Tael KC.1.1 光绪十四年（1888），双龙

Tael KC.1.2 光绪十四年（1888），松鼠葡萄纹

面值	编号	普品	极美	近未使用	未使用
Tael	KC.1.1				无定价
Tael	KC.1.2				无定价

Tael KC.2.1 光绪十六年（1890），右龙首

Tael KC.2.2 光绪十六年（1890），左龙首

黔宝半两（五钱，5 Mace）

5M KC.1.1 光绪十四年（1888）　　　　　　5M KC.1.2 光绪十四年（1888），辫型双圈

面值	编号	普品	极美	近未使用	未使用
Tael	KC.2.1				无定价
Tael	KC.2.2				无定价
5M	KC.1.1				无定价

面值	编号	普品	极美	近未使用	未使用
5M	KC.1.2				无定价

民国时期

壹圆（一圆，$1）

$1 KCR.1.1 民国十七年（1928），二草

$1 KCR.1.2 民国十七年（1928），三草

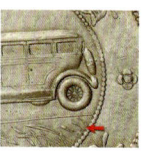 

二草　　三草

面值	编号	普品	极美	近未使用	未使用
$1	KCR.1.1	10万	25万	60万	120万+
$1	KCR.1.2	20万	50万	120万	200万+

$1 KCR.2.1 民国三十八年（1949），竹子圆窗

$1 KCR.2.2 民国三十八年（1949），竹子方窗

甲秀楼"竹子币"

解放战争后期，贵州省财政厅以周西成时期所留场地和设备自行发行了以贵阳名胜甲秀楼为图案的"民国三十八年"壹圆银币。楼门间有一"谷"字暗记，楼底有英文"TLK"；据悉谷字代表省主席谷正伦，英文TLK则有说代表厂长谢杰民；背面金竹三枝，俗称"竹子币"。"竹子币"制造时间甚短，产量甚低；有圆窗及方窗两版，以方窗罕见。

面值	编号	普品	极美	近未使用	未使用
$1	KCR.2.1	25万	50万	80万	
$1	KCR.2.2	30万	55万	85万	

半圆（五角，50C）

50C KCR.1 民国卅八年（1949），50

三种"民国卅八年"银币

背面有"黔"字的"廿分银币"，基本上没有流通。另有两种是正背"半圆/50"及"廿分/20"的银币、非常罕见，应是样币性质。可能因恢复银本位，生产银毫没有意义而未生产。

廿分（二角，20C）

20C KCR.1 民国卅八年（1949），20　　　　　20C KCR.2 民国卅八年（1949），黔

当十锑币（一角，10C）

10C KCR.1.1 民国二十年（1931），样币

民国唯一的锑金属流通币

1931年，大量劣质铜元自外省流入贵州，省政府令贵州修械厂以黔省盛产的锑铅制作"民国二十年当十锑币"抵制，该币是绝无仅有的锑金属流通币。由于设备简陋，1933年生产足够数量后在贵阳发行，但后来发现材质不适用，随即收回。

10C KCR.1.2 民国二十年（1931）

面值	编号	普品	极美	近未使用	未使用
50C	KCR.1				无定价
20C	KCR.1				无定价
10C	KCR.1.1				无定价
10C	KCR.1.2	8 000	1.2万	2.5万	

面值	编号	普品	极美	近未使用	未使用
20C	KCR.2	1万	2.5万	5万	20万+

21 山东省造
SHANTUNG PROVINCE

（ST）

山东位于黄河下游、华北平原东部之沿海半岛，与江苏、安徽、河南、河北交界，今行政区域面积15.79万平方公里。山东半岛与辽东半岛相对，环抱着渤海湾。山东以太行山之东得名，金代形成行政区，明置省；古时为鲁国之地，故简称"鲁"。清宣统年间人口2 581万人。

光绪三十年（1904年），山东省奏请设铜元局获准后生产当十及当二十铜元，光绪三十二年（1906年）停工。1920年（民国九年），山东督军以市面钱荒为由呈请设厂造币，适逢财政部正在处理陕西因向日商借款购买造币设备而受省议会及各界抗议一事。财政部将余额及机器移交鲁省，但在济南购地后无余款建厂，延宕多时无法解决，1923年（民国十二年）币制局令其结案。同年留存机件照购买原价转让察哈尔，并在张家口设立口北造币厂。

山东省虽成立过机器造币厂但从未制作银圆。存世的银质货币有"光绪十六年山东制造局"壹两及五钱银饼铜样，罕见。山东机器制造局由山东巡抚丁宝桢在光绪元年（1875年）创办，除机器设备自国外购置，其余皆国人经办，两年后正式开工生产枪弹火药。清代之机器局皆为兵工厂，民初始正名；山东兵工厂在抗战前改名济南兵工厂，战事爆发后先迁西安，不久再迁重庆。

清代

壹两（一两，Tael）

Tael ST.1 光绪十六年（1890）

五钱（5 Mace）

5M ST.1 光绪十六年（1890），铜试样

壹角镍币（一角，10C）

10C ST.1.1 大德国宝（1909），精制

10C ST.1.2 大德国宝（1909）

伍分镍币（五分，5C）

5C ST.1.1 大德国宝（1909），精制

5C ST.1.2 大德国宝（1909）

最早在华流通的镍币

时租借胶州湾的德国当局为减少市面困扰，1909年（宣统元年）在青岛发行由柏林造币厂制作的十进制"大德国宝"壹角及伍分镍币两种，规定对大洋作价。使用时与制钱脱钩，兑换银圆没有比例变动的问题，可随时至德华银行（Deutsch-Asiatische Bank）照面值兑换银币，受商界欢迎。第一次世界大战时，日英联军在1914年11月攻占胶州湾后停用，前后流通约五年。1935年国民政府实施法币政策前，各省均无镍币流通，故"大德国宝"是最早在中国流通的镍币。

面值	编号	普品	极美	近未使用	未使用	面值	编号	普品	极美	近未使用	未使用
Tael	ST.1				无定价	5M	ST.1				无定价
10C	ST.1.1				5万+	10C	ST.1.2	1 000	2 000	4 000	8 000+
5C	ST.1.1				5万+	5C	ST.1.2	1 000	2 000	4 000	8 000+

民国时期

贰拾圆金币（二十圆，$20）

$20 STR.1.1 民国十五年（1926）

山东省金币

鲁省在民国时筹建造币厂未成，但传世有"民国十五年"（1926年）拾圆及贰拾圆"山东省金币"，工艺精美，图案形式与流通的龙凤黻黼贰角、壹角同，应是奉系将领张宗昌任省长时委托天津造币厂所造，罕见。

$20 STR.1.2 民国十五年（1926），银试样

拾圆金币（拾圆，$10）

$10 STR.1 民国十五年（1926）

贰分镍币（二分，2C）

未发行的山东镍币

1933年（民国二十二年），山东筹划发行铜镍币未成，仅制成极少数量的样币。镍币为"贰分"面值，现仅知上海博物馆藏有一枚，系中国镍币中的珍稀大名誉品。

2C STR.1 民国廿二年（1933）

面值	编号	普品	极美	近未使用	未使用	面值	编号	普品	极美	近未使用	未使用
$20	STR.1.1				无定价						
$20	STR.1.2				无定价						
$10	STR.1				无定价						
2C	STR.1				无定价						

22

甘肃省造

KANSU PROVINCE

（KSU）

甘肃位于西南云贵高原西北，因甘州（今张掖）与肃州（今酒泉）而得名，元代设省。东通陕西、西达新疆、南瞰四川、青海、北邻宁夏、内蒙古、西北端与蒙古国接壤。简称"甘"，又因省境大部分在陇山（六盘山）以西，故又称"陇"。全省面积42.58万平方公里，清宣统年间人口380万人。

清同治年间左宗棠进驻甘肃时在兰州设机器局造军火，但在清代并未成立机器造币厂。1920年（民国九年）陇南镇守使孔繁锦为解决市面钱荒及筹措军饷，向津沪购置机具在天水设厂造币，专造铜元，此为甘肃机制钱币之始。1926年8月，冯玉祥之国民军入甘将孔氏逐出后，冯部将机器及技工迁移至兰州设立甘肃造币厂，首先开制党徽版甘肃铜币，1928年开始生产银币，形式仿"民国三年"版袁像壹圆，肩章部分类似"民国十年"版，俗称"甘肃版"；成色低仅含银82%，后来逐步降至七成，不受商民欢迎。袁头肖像左右加刻"甘肃"两字之"民国三年"版大头系1930—1931年，邓隆担任造币厂监督时所造以充作冯玉祥部军饷之用。

甘肃造币厂开工后，冯玉祥为纪念总理孙中山生产"民国十七年"（1928年）正面为孙像，背面为青天白日徽及蒙古文"中央"的"甘肃省造"孙像壹圆银币；重量尺寸与标准袁大头同，成色88%，制额不多，大部分被冯玉祥所属国民军孙连仲部东下时携走散失，在甘肃境内没有流通，存世也少。

1935年11月，国民政府实施法币政策，甘肃造币厂奉命停办，机器设备归该省制造局保管。1938年底开始生产壹分铜币，因抗战原料供应困难，次年末再度关停，运作仅一年左右。

民国时期

壹圆（一圆，$1）

$1 KSU.1 民国三年（1914），甘肃加字，1930 年造

甘肃版与甘肃加字版

1928 年甘肃造币厂开始生产银币，形式仿"民国三年"版袁像壹圆，肩章部分类似"民国十年"版，俗称"甘肃版"；成色低仅含银 82%，后来逐步降至七成，不受商民欢迎。袁头肖像左右加刻"甘肃"两字之"民国三年"版大头系 1930—1931 年，邓隆担任造币厂监督时所造以充作冯玉祥部军饷之用。

$1 KSU.2 民国十七年（1928）

甘肃省造孙像壹圆

甘肃造币厂开工后，冯玉祥为纪念总理孙中山生产"民国十七年"（1928 年）正面为孙像，背面为青天白日徽及蒙古文"中央"的"甘肃省造"孙像壹圆银币。此币重量尺寸与标准袁大头同，成色 88%，制额不多，大部分被冯玉祥所属国民军孙连仲部东下时携走散失，在甘肃境内没有流通，存世也少。

面值	编号	普品	极美	近未使用	未使用
$1	KSU.1	10 万	20 万	30 万 +	
$1	KSU.2	15 万	40 万	60 万	

23 上海造
SHANGHAI

（SH）

上海是中国最大港埠，位于大陆海岸线中部，长江入海口，今行政区域面积6 340平方公里。春秋战国时期，上海是楚国春申君封邑，别称"申"。晋朝时期，因渔民创造捕鱼工具"扈"，江流入海处称"渎"，松江下游一带称为"扈渎"，后又改"沪"，故亦简称"沪"。元至元二十九年（1292年），上海镇从华亭县划出设上海县，此为上海建城之始。1927年（民国十六年）成立上海特别市，始为直辖于中央政府的一级建制。据海关通商口岸人丁统计，清宣统三年上海人口65万人。

《南京条约》签订后的第二年，即道光二十三年（1843年）上海开埠，此时盛行沿海地区的外国银圆也通行内陆，并得到官方认可："凡完粮纳税及商贾交易，无一不用洋钱。"原本使用最广的是俗称本洋的西班牙银圆，由于产地墨西哥在1823年独立后发行自己的银币（俗称墨洋或鹰洋），本洋来源锐减。

咸丰年间，沪市通行的本洋兑换汇率远超过所含银价行情，上海洋商决议以鹰洋取代本洋为换算货币。与此同时，上海当局也尝试公估师监造的"咸丰六年上海县号"足纹银饼，全套共六枚，计壹两四种、五钱二种，由郁森盛、王永盛、经正记三家号商发行；平正、万全、丰年、王寿四名工匠打造。号商即沙船商，从事内河及沿海运输，对上海港的形成与发展有重大作用，同治年成立轮船招商局后，号商开始没落。上海银饼因制作方法简陋，发行后赝品百出，以致信用失坠，不久宣告废止，多数回炉铸锭。虽是昙花一现，但上海银饼却是上海作为商埠重镇最早的自制银货，也是中国现存最早重一两的银圆。存世量极少，其中以"匠平正造"最为罕见。

清代

县号足纹壹两（一两，Tael）

Tael SH.1 咸丰六年（1856）上海县号足纹银饼，王永盛

Tael SH.2 咸丰六年（1856）上海县号足纹银饼，经正记

Tael SH.3 咸丰六年（1856）上海县号足纹银饼，郁森盛，丰年造

咸丰六年上海县号足纹银饼

咸丰年间，沪市通行的本洋兑换汇率远超过所含银价行情，上海洋商决议以鹰洋取代本洋为换算货币。与此同时，上海当局也尝试公估师监造的"咸丰六年上海县号"足纹银饼，全套共六枚，计壹两四种、五钱二种，由郁森盛、王永盛、经正记三家号商发行及平正、万全、丰年、王寿四名工匠打造。

上海银饼因制作方法简陋，发行后赝品百出，以致信用失坠，不久宣告废止，多数回炉铸锭。虽是昙花一现，但上海银饼却是上海作为商埠重镇最早的自制银货，也是中国现存最早重一两的银圆。存世量极少，其中以"匠平正造"最为罕见。

面值	编号	普品	极美	近未使用	未使用
Tael	SH.1	15万	20万+		
Tael	SH.2	18万	35万+		
Tael	SH.3	18万	35万+		

Tael SH.4 咸丰六年（1856）上海县号足纹银饼，郁森盛，平正造

县号足纹伍钱（五钱，5 Mace）

5M SH.1 咸丰六年（1856）上海县号足纹银饼，经正记

5M SH.2 咸丰六年（1856）上海县号足纹银饼，郁森盛

面值	编号	普品	极美	近未使用	未使用
Tael	SH.4	18万	35万+		
5M	SH.1	15万	20万+		
5M	SH.2	18万	35万+		

24

香港造

HONG KONG

(HK)

香港，简称"港"，今中华人民共和国香港特别行政区，位于珠江口东侧，西与澳门特区隔海相望，北接广东省，南邻南海，区域范围包括香港岛、九龙、新界和周围262个岛屿。1842—1997年受英国殖民统治。全境陆地总面积约1 106平方公里，海域面积约1 648平方公里。据资料，1916年香港人口约53万人。

香港开埠时国内尚未使用机器制造钱币，故仍沿用内陆通行的各式洋银及铜钱。香港造币厂建立后在1866年发行"香港壹圆"及银角，因销路有限，未如预期取代本洋及鹰洋，故产量低、亏损大。为争取内地市场，在港府的策划下，试制样币多种。其中，以上海习用漕平为结算单位的"上海壹两"由香港造币厂英籍技师雕刻制作样币呈送北京，期待得到清政府采用但未获批准。原因大致有二，一是将英国王室嘉德勋章置于币面，有与清廷分庭抗礼之嫌，招致朝廷不满；二是漕平乃地方货币结算单位，通行范围小，流通极易受限。随即港厂请英国皇家造币厂重新设计雕刻双龙图案，改海关平为结算单位的"关平壹两"，但样币完成时港督已决定关闭香港造币厂，故未送出。"上海壹两"币面年份标示为1867，但模具早一年已备妥待用，有龙面有芒及无芒两版，后者罕见；另有贰钱一种，非常稀有。币面之982是指银色合上海通用之规元，G566为重量相当于漕平一两（合36.67克）的格令（grain）。"关平壹两"未标年份，系在1867年底至1868年初完成，有壹两、五钱、二钱、一钱及五分五种面值，皆为珍稀品种。

因市场接受度欠佳、向内地推广也没有成功，香港造币厂在亏损之下营运仅两年即结束，设备出售至日本，为大阪造币局所用。

清代

上海壹两（一两，Tael）

Tael HKS.1.1 上海壹两（1867），无射线

Tael HKS.1.2 上海壹两（1867），有射线

香港造币厂的试制样币

香港造币厂建立后在1866年发行"香港壹圆"及银角，因销路有限，未如预期取代本洋及鹰洋，故产量低、亏损大。为争取内地市场，在港府的策划下，试制样币多种。其中，以上海习用漕平为结算单位的"上海壹两"由香港造币厂英籍技师雕刻制作样币呈送北京，期待得到清政府采用但未获批准。"上海壹两"币面年份标示为1867，但模具早一年已备妥待用，有龙面有芒及无芒两版，后者罕见；另有贰钱一种，非常稀有。币面之982是指银色合上海通用之规元，G566为重量相当于漕平一两（合36.67克）的格令（grain）。

上海贰钱（二钱，2 Mace）

2M HKS.2 上海贰钱（1867）

面值	编号	普品	极美	近未使用	未使用
Tael	HKS.1.1				无定价
Tael	HKS.1.2				无定价
2M	HKS.2				无定价

关平壹两（一两，Tael）

中外通宝关平壹两

"关平壹两"未标年份，系在1867年底至1868年初完成，有壹两、五钱、二钱、一钱及五分等五种面值，皆珍稀品种。

Tael HKG.1 无纪年（1867）关平银壹两

五钱（5 Mace）

5M HKG.1 无纪年（1867）五钱

二钱（2 Mace）

2M HKG.1 无纪年（1867）二钱

一钱（Mace）

Mace HKG.1 无纪年（1867）一钱

五分（½ Mace，5C）

½ M HKG.1 无纪年（1867）五分

面值	编号	普品	极美	近未使用	未使用	面值	编号	普品	极美	近未使用	未使用
Tael	HKG.1				无定价						
5M	HKG.1				无定价	2M	HKG.1				无定价
Mace	HKG.1				无定价	½ M	HKG.1				无定价

25

新疆省造

SINKIANG PROVINCE

（SK）

今新疆维吾尔自治区，位于西北边疆，东部、南部分别为内蒙古、甘肃、青海、西藏，面积166万平方公里；周边与俄罗斯、哈萨克斯坦、吉尔吉斯斯坦、塔吉克斯坦、巴基斯坦、蒙古、印度、阿富汗八国接壤，在历史上是古丝绸之路的重要通道，古称西域，西汉设立西域都护府纳入管辖，清光绪年置新疆省，简称"新"。清宣统年间人口177万人。

新疆在置省前已有多种计重银钱，如阿古柏盘踞南疆期间重约五分的"天罡"银币，左宗棠平定新疆后在光绪三年（1877年）仿其形式打造的"光绪银钱"流通于市，为新疆地区钱币面有汉字之始。最早有蟠龙图案的是迪化造三体文"光绪银圆"，属塞外银币珍品。新疆各式各样银钱甚多，种类繁杂，名誉品还有"足银壹钱"方孔银币，系左宗棠收复新疆前在甘肃省城设立"兰州机器局"时所造；喀什道"大清银币湘平式两"是唯一以"道"名义发行的钱币。

光绪二十三年（1897年），巡抚饶应祺奏请向德国购买设备成立机器局造军火及银铜币。机器局建于迪化（今乌鲁木齐）三屯碑，以水车为动力。由于冬季水流干涸影响生产，翌年迁移水磨沟，此为新疆有现代机器之始。币模在光绪二十四年（1898年）交运，包括"新疆省造光绪银元"主币七钱二分，辅币为四钱、二钱及一钱，英文地名"SUNGAREI"意为新疆北部地名"准噶尔"，仅生产少量二钱与一钱，七钱二分与四钱为珍稀样币。

民国纪元后新疆在两地发行银币。迪化银圆局有"民国元年壬子饷银一两"，系新疆流通银币中唯一只列汉字者，"六年"及"七年"版加上维吾尔文。1912至1916年有正面汉字"新疆喀造饷银五钱"，只有五钱一种面额，版式以图样为五星、花饰或花朵而分多种。1949年，新疆实施币制改革恢复银本位，并自行筹制"新疆省造币厂铸"壹圆银币。版式杂多，以民国年号改为"一九四九年"者最少见。

清代

二钱金币（2 Mace/G）

新疆"饷金"的由来

新省地处边陲财政仰赖中央,清国力衰弱时经济维持日趋困难。邻国俄罗斯又实施金本位,新疆布政史王树枏奏请购金在机器局试行造币,"辅饷糈之不济,顾市面之流通",故称为"饷金"。光绪三十四年(1908年)二月获准后制作一钱及二钱两种,四个月后停止。宣统二年(1910年),新任巡抚袁大化就职后添购机器加造五钱金币,非常稀少,为藏家所珍视。

2M/G SK.1 无纪年（1897），德国拜赫厂改模样币

2M/G SK.2.1 无纪年（约1907），斜火珠

2M/G SK.2.2 无纪年（约1907），正火珠

一钱金币（Mace/G）

Mace/G SK.1 回历 1290—1293 年（1873—1876）

阿拉伯数字、回文数字对照表

Mace/G SK.2.1 无纪年（约1907），斜火珠

Mace/G SK.2.2 无纪年（约1907），正火珠

面值	编号	普品	极美	近未使用	未使用	面值	编号	普品	极美	近未使用	未使用
2M/G	SK.1				无定价						
2M/G	SK.2.1			30万	60万+	2M/G	SK.2.2		20万	30万	60万+
Mace/G	SK.1	2.5万	5万		12万+						
Mace/G	SK.2.1			15万	30万+	Mace/G	SK.2.2		15万	15万	30万+

光绪银元库平重七钱二分（一圆，$1）

$1 SK.1.1 无纪年（1897），德国拜赫厂样币

$1 SK.1.2 无纪年（1897），德国拜赫厂铜镀银试样

大清银币库平壹两（一两，Sar）
（喀什地区）

大清银币湘平壹两、弍两（一两，Sar）
（喀什地区）

Sar SK.1 回历 1324 年（1906）喀什

Sar SK.2 回历 1325 年（1907）喀什，星月

Sar SK.3.1 回历 1325 年（1907）喀什

Sar SK.3.2 回历 1325 年（1907）喀什，左回历

面值	编号	普品	极美	近未使用	未使用	面值	编号	普品	极美	近未使用	未使用
$1	SK.1.1				无定价	$1	SK.1.2				无定价
Sar	SK.1		无定价			Sar	SK.2		无定价		
Sar	SK.3.1	2万	5万	10万+		Sar	SK.3.2	15万	30万	60万+	

Sar SK.3.3 回历 1325 年（1907）喀什，右三层叶　　　Sar SK.4 回历 1325 年（1907）喀什道

饷银一两 （一两，Sar）
（迪化）

Sar SK.5.1 无纪年（1910），面回文　　　　　　Sar SK.5.2 无纪年（1910），背回文

Sar SK.5.3 无纪年（1910），珠圈龙　　　　　　Sar SK.5.4 无纪年（1910），无回文

面值	编号	普品	极美	近未使用	未使用	面值	编号	普品	极美	近未使用	未使用
Sar	SK.3.3	2 万	5 万	10 万	30 万 +	Sar	SK.4	15 万	30 万	60 万 +	
Sar	SK.5.1	2 万	4 万	15 万	35 万 +	Sar	SK.5.2	5 万	15 万	30 万	60 万 +
Sar	SK.5.3	1 万	2 万	10 万	30 万 +	Sar	SK.5.4	8 000	1.5 万	3 万	8 万 +

光绪银圆伍钱（五钱，5 Mace）
（喀什地区）

5M SK.1.1.1 回历 1310 年（1892）无地名　　　　　5M SK.1.1.2 回历 1310 年（1892）无地名，逗点 O

5M SK.1.1.3 回历 1310 年（1892）无地名，点绪　　　5M SK.1.2 回历 1311 年（1893）无地名

5M SK.1.3 回历 1312 年（1894）无地名　　　　　5M SK.1.4 回历 1313 年（1895）无地名

5M SK.2.1 回历 1313 年（1895）喀什　　　　　　5M SK.2.2 回历 1314 年（1896）喀什

面值	编号	普品	极美	近未使用	未使用	面值	编号	普品	极美	近未使用	未使用
5M	SK.1.1.1	600	1 500	2 500	8 000+	5M	SK.1.1.2	5 000	1万	2万	3万+
5M	SK.1.1.3	5 000	1万	2万	3万+	5M	SK.1.2	500	1 000	2 000	7 000+
5M	SK.1.3	500	1 000	2 000	7 000+	5M	SK.1.4	500	1 000	2 000	7 000+
5M	SK.2.1	500	1 000	2 000	7 000+	5M	SK.2.2	500	1 000	2 000	7 000+

5M SK.2.3 回历 1315 年（1897）喀什　　　　　5M SK.2.4 回历 1316 年（1898）喀什

5M SK.2.5 回历 1317 年（1899）喀什　　　　　5M SK.2.6 回历 1319 年（1901）喀什

5M SK.2.7 回历 1320 年（1902）喀什　　　　　5M SK.3.1.1 回历 1321 年（1903）喀造

5M SK.3.1.2 回历 1321 年（1903）喀造，菱形点　　5M SK.3.2.1 回历 1322 年（1904）喀造

面值	编号	普品	极美	近未使用	未使用	面值	编号	普品	极美	近未使用	未使用
5M	SK.2.3	500	1 000	2 000	7 000+	5M	SK.2.4	800	1 500	3 000	1 万 +
5M	SK.2.5	600	1 500	2 500	1 万 +	5M	SK.2.6	500	1 000	2 000	7 000+
5M	SK.2.7	500	1 000	2 000	7 000+	5M	SK.3.1.1	500	1 000	2 000	7 000+
5M	SK.3.1.2	5 000	1 万	2 万	3 万 +	5M	SK.3.2.1	500	1 000	2 000	7 000+

光绪元宝伍钱（五钱，5 Mace）
（喀什地区）

5M SK.3.2.2 回历 1322 年（1904）喀造，双花   5M SK.4.1.1 回历 1323 年（1905）喀什，S 龙

5M SK.4.1.2 回历 1323 年（1905）喀什，边四点花   5M SK.4.2 回历 1323 年（1905）喀什，反 S 龙

大清银币湘平伍钱（五钱，5 Mace）
（喀什地区）

5M SK.5.1 回历 1325 年（1907）喀什   5M SK.5.2 回历 1325 年（1907）喀什，左花右叶

5M SK.5.3 回历 1325 年（1907）喀什，右两大叶   5M SK.5.4 回历 1325 年（1907）喀什，双梅花

面值	编号	普品	极美	近未使用	未使用	面值	编号	普品	极美	近未使用	未使用
5M	SK.3.2.2	1 000	2 000	4 000	1.5 万 +	5M	SK.4.1.1	800	1 500	5 000	2 万 +
5M	SK.4.1.2	3 000	6 000	2 万	3 万 +	5M	SK.4.2	800	1 500	5 000	2 万 +
5M	SK.5.1	1 000	2 500	1 万	3 万 +	5M	SK.5.2	2.5 万	6 万	10 万	20 万 +
5M	SK.5.3	1 000	2 500	1 万	3 万 +	5M	SK.5.4	2.5 万	6 万	10 万	20 万 +

5M SK.6.1.1 无纪年，喀什造　　　　　5M SK.6.1.2 无纪年，喀什造，左九叶

5M SK.6.2 回历 1325 年（1907）喀什造　　　　5M SK.6.3.1 回历 1326 年（1908）喀什造

5M SK.6.3.2 回历 1326 年（1908）喀什造，币少点　　　5M SK.6.4 回历 1327 年（1909）喀什造

宣统银币五钱（5 Mace）
（喀什地区）

5M SK.7.1 回历 1327 年（1909）喀什造　　　　5M SK.7.2 回历 1328 年（1910）喀什造

面值	编号	普品	极美	近未使用	未使用	面值	编号	普品	极美	近未使用	未使用
5M	SK.6.1.1	800	1 500	5 000	2万+	5M	SK.6.1.2	1 500	5 000	1.5万	3万+
5M	SK.6.2	800	1 500	5 000	2万+	5M	SK.6.3.1	800	1 500	5 000	2万+
5M	SK.6.3.2	1 500	5 000	1.5万	3万+	5M	SK.6.4	800	1 500	5 000	2万+
5M	SK.7.1	800	1 500	5 000	2万+	5M	SK.7.2	800	1 500	5 000	2万+

宣统元宝伍钱、五钱（五钱，5 Mace）
（喀什地区）

5M SK.8.1 回历 1328 年（1910）喀什造　　　　5M SK.8.2 回历 1329 年（1911）喀什造

5M SK.9.1 回历 1329 年（1911）喀什，中花　　5M SK.9.2 回历 1329 年（1911）喀什，中点

5M SK.9.3 回历 1329 年（1911）喀什，中点无珠圈　　5M SK.9.4 回历 1329 年（1911）喀什，中星

5M SK.9.5 回历 1329 年（1911）喀什，伍钱

面值	编号	普品	极美	近未使用	未使用	面值	编号	普品	极美	近未使用	未使用
5M	SK.8.1	800	1 500	5 000	2 万+	5M	SK.8.2	1 000	2 000	6 000	2.5 万+
5M	SK.9.1	1 000	2 000	6 000	2.5 万+	5M	SK.9.2	1 000	2 000	6 000	2.5 万+
5M	SK.9.3			无定价		5M	SK.9.4	800	1 500	5 000	2 万+
5M	SK.9.5	800	1 500	5 000	2 万+						

饷银五钱 (5 Mace)
(喀什地区)

5M SK.10.1 回历 1329 年(1911) 喀什，中花　　　　　5M SK.10.2 回历 1329 年(1911) 喀什，中星背花

5M SK.10.3 回历 1329 年(1911) 喀什，中星　　　　　5M SK.10.4 回历 1329 年(1911) 喀什，中点

5M SK.10.5 回历 1329 年(1911) 喀什，中梅花背星　　5M SK.10.6 回历 1329 年(1911) 喀什，右龙尾

光绪银元伍钱 (五钱, 5 Mace)
(阿克苏地区)

5M SK.11.1 回历 1310 年(1892) 阿城　　　　　　　　5M SK.11.2.1 回历 1311 年(1893) 阿城

面值	编号	普品	极美	近未使用	未使用	面值	编号	普品	极美	近未使用	未使用
5M	SK.10.1	1 000	2 000	6 000	2.5 万+	5M	SK.10.2	1 000	2 000	6 000	2.5 万+
5M	SK.10.3	800	1 500	5 000	2 万+	5M	SK.10.4	1 000	2 000	6 000	2.5 万+
5M	SK.10.5	1 000	2 000	6 000	1.8 万+	5M	SK.10.6	1 000	2 000	6 000	1.8 万+
5M	SK.11.1	2 500	4 000	8 000	2 万+	5M	SK.11.2.1	2 000	3 000	6 000	1.8 万+

5M SK.11.2.2 回历 1311 年（1893）阿城，面圈　　　　　　5M SK.11.3 回历 1312 年（1894）阿城

光绪银圆三体文五钱（5 Mace）
（迪化）

塞外珍品——三体文"光绪银圆"

新疆最早有蟠龙图案的是迪化造三体文"光绪银圆"，因其正面刊有满、汉、古维吾尔三种文字而得名。新疆各式各样银钱甚多，种类繁杂，名誉品还有"足银壹钱"方孔银币，系左宗棠收复新疆前在甘肃省城设立"兰州机器局"时所造；喀什道"大清银币湘平式两"是唯一以"道"名义发行的钱币。

5M SK.12 回历 1307 年（1889）迪化三体文

光绪银圆伍钱、五钱（五钱，5 Mace）
（迪化）

5M SK.13.1 回历 1321 年（1903）迪化　　　　　　　　　5M SK.13.2 回历 1322 年（1904）迪化

5M SK.13.3.1 回历 1323 年（1905）迪化　　　　　　　　5M SK.13.3.2 回历 1323 年（1905）迪化，伍钱

面值	编号	普品	极美	近未使用	未使用	面值	编号	普品	极美	近未使用	未使用
5M	SK.11.2.2	2 000	3 000	6 000	1.8 万+	5M	SK.11.3	2 000	3 000	6 000	1.8 万+
5M	SK.12			无定价							
5M	SK.13.1	500	1 000	2 000	8 000+	5M	SK.13.2	500	1 000	2 000	8 000+
5M	SK.13.3.1	500	1 000	2 000	8 000+	5M	SK.13.3.2	500	1 000	2 000	8 000+

5M SK.13.3 回历 1324 年（1906）迪化，伍钱　　　　5M SK.13.4 回历 1325 年（1907）迪化，伍钱

饷银五钱（五钱，5 Mace）
（迪化）

5M SK.14.1.1 无纪年（约 1907）　　　　5M SK.14.1.2 无纪年（约 1907），斜回文

5M SK.14.2 无纪年（约 1907），单蝠　　　　5M SK.14.3 无纪年（约 1907），斜回文，单蝠

5M SK.14.4 无纪年（约 1907），四蝠　　　　5M SK.14.5 无纪年（约 1907），珠圈龙

面值	编号	普品	极美	近未使用	未使用	面值	编号	普品	极美	近未使用	未使用
5M	SK.13.3	500	1 000	2 000	8 000+	5M	SK.13.4	500	1 000	2 000	8 000+
5M	SK.14.1.1	1 000	2 000	6 000	2 万+	5M	SK.14.1.2		3 万	15 万+	
5M	SK.14.2	1 万	4 万	8 万	15 万+	5M	SK.14.3		3 万	18 万+	
5M	SK.14.4	2 万	8 万	15 万	40 万+	5M	SK.14.5	1 000	2 000	6 000	2 万+

5M SK.14.6 无纪年（约 1907），中点，珠圈龙　　　　　　5M SK.14.7 无纪年（约 1907），珠圈龙七点花

5M SK.14.8.1 无纪年（约 1907），中花　　　　　　　　5M SK.14.8.2 无纪年（约 1907），饷少点

5M SK.14.9 无纪年（约 1907），粗珠圈龙　　　　　　　5M SK.14.10 无纪年（约 1907），背回文

光绪银元库平重四钱（4 Mace）

4M SK.1.1 无纪年（1897），德国拜赫厂样币　　　　　　4M SK.1.2 无纪年（1897），德国拜赫厂红铜试样

面值	编号	普品	极美	近未使用	未使用	面值	编号	普品	极美	近未使用	未使用
5M	SK.14.6	1 000	2 000	8 000	3 万+	5M	SK.14.7	1 000	2 000	8 000	3 万+
5M	SK.14.8.1	1 000	2 000	8 000	3 万+	5M	SK.14.8.2	2 000	4 000	1.5 万	3 万+
5M	SK.14.9	8 000	1 万	1.5 万	4 万+	5M	SK.14.10	8 000	2 万	5 万	15 万+
4M	SK.1.1				无定价	4M	SK.1.2				无定价

饷银四钱 (4 Mace)
(迪化)

4M SK.2.1 无纪年（1907），扁四   4M SK.2.2 无纪年（1907），高四

4M SK.2.3 无纪年（1907），长脚四   4M SK.2.4 无纪年（1907），大银

光绪银圆叁钱 (三钱, 3 Mace)
(喀什地区)

3M SK.1.1.1 回历 1310 年（1892）无地名   3M SK.1.1.2 回历 1310 年（1892）无地名，双回历

3M SK.1.1.3 回历 1310 年（1892）无地名，艺术体回文   3M SK.1.2 回历 1311 年（1893）无地名

面值	编号	普品	极美	近未使用	未使用	面值	编号	普品	极美	近未使用	未使用
4M	SK.2.1	6 000	1.2 万	2.5 万 +		4M	SK.2.2	6 000	1.2 万	2.5 万 +	10 万 +
4M	SK.2.3	6 000	1.2 万	2.5 万 +		4M	SK.2.4	6 000	1.2 万	2.5 万 +	
3M	SK.1.1.1	500	1 000	2 000	8 000+	3M	SK.1.1.2	1 000	2 000	6 000	1.8 万
3M	SK.1.1.3	2 000	5 000	1 万	1.5 万 +	3M	SK.1.2	600	1 500	2 500	1 万 +

3M SK.1.3 回历 1312 年（1894）无地名　　　　　3M SK.1.4 回历 1313 年（1895）无地名

3M SK.2.1 回历 1313 年（1895）喀什　　　　　3M SK.2.2 回历 1314 年（1896）喀什

3M SK.2.3 回历 1315 年（1897）喀什　　　　　3M SK.2.4 回历 1316 年（1898）喀什

3M SK.2.5 回历 1317 年（1899）喀什　　　　　3M SK.2.6 回历 1319 年（1901）喀什

面值	编号	普品	极美	近未使用	未使用	面值	编号	普品	极美	近未使用	未使用
3M	SK.1.3	500	1 000	2 000	8 000+	3M	SK.1.4	4 000	1 万	1.5 万	2.8 万+
3M	SK.2.1	500	1 000	2 000	8 000+	3M	SK.2.2	500	1 000	2 000	8 000+
3M	SK.2.3	500	1 000	2 000	8 000+	3M	SK.2.4	600	1 500	2 500	1 万+
3M	SK.2.5	500	1 000	2 000	8 000+	3M	SK.2.6	500	1 000	2 000	8 000+

   3M SK.2.7 回历1320年（1902）喀什   3M SK.3.1 回历1320年（1902）喀造

   3M SK.3.2 回历1321年（1903）喀造   3M SK.3.3 回历1322年（1904）喀造

光绪元宝叁钱、三钱（三钱，3 Mace）
（喀什地区）

  3M SK.4.1.1 回历1323年（1905）喀什   3M SK.4.1.2 回历1323年（1905）喀什，驼背龙

 3M SK.4.2.1 回历1323年（1905）喀什，三钱 3M SK.4.2.2 回历1323年（1905）喀什，三钱中四点花

面值	编号	普品	极美	近未使用	未使用	面值	编号	普品	极美	近未使用	未使用
3M	SK.2.7	500	1 000	2 000	8 000+	3M	SK.3.1	500	1 000	2 000	8 000+
3M	SK.3.2	500	1 000	2 000	8 000+	3M	SK.3.3	500	1 000	2 000	8 000+
3M	SK.4.1.1	2 000	5 000	1万+		3M	SK.4.1.2	2 000	5 000	1万+	
3M	SK.4.2.1	3 000	5 000	1万+		3M	SK.4.2.2	2 000	5 000	1万+	

银圆叁钱 (三钱, 3 Mace)
(喀什地区)

3M SK.4.2.3 回历 1323 年（1905）喀什, 三钱, 中点   3M SK.5 回历 1329 年（1911）

光绪银元三钱 (3 Mace)
(阿克苏地区)

3M SK.6.1.1 回历 1310 年（1892）阿城   3M SK.6.1.2 回历 1310 年（1892）阿城, 双回历

3M SK.6.2.1 回历 1311 年（1893）阿城   3M SK.6.2.2 回历 1311 年（1893）阿城, 面有圈

3M SK.6.3 回历 1312 年（1894）阿城

面值	编号	普品	极美	近未使用	未使用	面值	编号	普品	极美	近未使用	未使用
3M	SK.4.2.3	2 000	5 000	1万+		3M	SK.5	1万	2万	4万	10万+
3M	SK.6.1.1	3 000	5 000	1万	3万+	3M	SK.6.1.2	3 000	5 000	1万	3万+
3M	SK.6.2.1	3 000	5 000	1万	3万+	3M	SK.6.2.2	3 000	5 000	1万	3万+
3M	SK.6.3	3 000	5 000	1万	3万+						

光绪银圆三体文三钱 (3 Mace)
(迪化)

光绪银圆叁钱、三钱 (三钱, 3 Mace)
(迪化)

3M SK.7 回历 1307 年（1889）迪化三体文　　3M SK.8.1 回历 1321 年（1903）迪化

3M SK.8.2.1 回历 1322 年（1904）迪化　　3M SK.8.2.2 回历 1322 年（1904）迪化，回历反书

3M SK.8.3.1 回历 1323 年（1905）迪化　　3M SK.8.3.2 回历 1323 年（1905）迪化，叁钱

3M SK.8.4 回历 1324 年（1906）迪化，叁钱　　3M SK.8.5 回历 1325 年（1907）迪化，叁钱

面值	编号	普品	极美	近未使用	未使用	面值	编号	普品	极美	近未使用	未使用
3M	SK.7				无定价	3M	SK.8.1	500	1 000	2 000	8 000+
3M	SK.8.2.1	500	1 000	2 000	8 000+	3M	SK.8.2.2	1 000	2 000	6 000	1.8 万+
3M	SK.8.3.1	500	1 000	2 000	8 000+	3M	SK.8.3.2	500	1 000	2 000	8 000+
3M	SK.8.4	500	1 000	2 000	8 000+	3M	SK.8.5	500	1 000	2 000	8 000+

光绪银圆贰钱（二钱，2 Mace）
（喀什地区）

2M SK.1.1 无纪年（1893）无地名　　　　　　2M SK.1.2 回历 1310 年（1892）无地名

2M SK.1.3 回历 1311 年（1893）无地名　　　　2M SK.1.4 回历 1312 年（1894）无地名

2M SK.1.5 回历 1313 年（1895）无地名　　　　2M SK.2.1 回历 1313 年（1895）喀什

2M SK.2.2 回历 1314 年（1896）喀什　　　　　2M SK.2.3 回历 1315 年（1897）喀什

面值	编号	普品	极美	近未使用	未使用	面值	编号	普品	极美	近未使用	未使用
2M	SK.1.1	3 500	5 000	8 000	2 万+	2M	SK.1.2	500	1 000	2 000	8 000+
2M	SK.1.3	500	1 000	2 000	8 000+	2M	SK.1.4	500	1 000	2 000	8 000+
2M	SK.1.5	500	1 000	2 000	8 000+	2M	SK.2.1	500	1 000	2 000	8 000+
2M	SK.2.2	500	1 000	2 000	8 000+	2M	SK.2.3	500	1 000	2 000	8 000+

2M SK.2.4 回历 1317 年（1899）喀什　　　　　　　　2M SK.2.5 回历 1319 年（1901）喀什

2M SK.2.6 回历 1320 年（1902）喀什　　　　　　　　2M SK.3.1 回历 1320 年（1902）喀造

2M SK.3.2 回历 1321 年（1903）喀造　　　　　　　　2M SK.3.3 回历 1322 年（1904）喀造

光绪元宝二钱（2 Mace）
（喀什地区）

2M SK.4.1 回历 1323 年（1905）喀什，S 龙　　　　　2M SK.4.2 回历 1323 年（1905）喀什，反 S 龙

面值	编号	普品	极美	近未使用	未使用	面值	编号	普品	极美	近未使用	未使用
2M	SK.2.4	4 000	8 000	1.5 万	3.5 万 +	2M	SK.2.5	500	1 000	2 000	8 000+
2M	SK.2.6	500	1 000	2 000	8 000+	2M	SK.3.1	4 000	8 000	1.5 万	3.5 万 +
2M	SK.3.2	2 500	4 000	6 000	2 万 +	2M	SK.3.3	2 500	4 000	6 000	2 万 +
2M	SK.4.1				无定价	2M	SK.4.2	1.5 万	3 万	6 万	18 万 +

大清银币湘平二钱 (2 Mace)
(喀什地区)

2M SK.5.1 回历 1325 年 (1907) 喀什造

2M SK.5.2 回历 1326 年 (1908) 喀什造

2M SK.5.3 回历 1327 年 (1909) 喀什造

银圆二钱 (2 Mace)
(喀什地区)

2M SK.6.1 回历 1329 年 (1911),面回文

2M SK.6.2 回历 1329 年 (1911),背回文

光绪银元二钱 (2 Mace)
(阿克苏地区)

2M SK.6.3 回历 1329 年 (1911),斜回文

2M SK.7.1 回历 1310 年 (1892) 阿城

面值	编号	普品	极美	近未使用	未使用	面值	编号	普品	极美	近未使用	未使用
2M	SK.5.1	2 000	6 000	1.5 万	3 万 +	2M	SK.5.2	2 000	6 000	1.5 万	3 万 +
2M	SK.5.3	2 000	6 000	1.5 万	3 万 +						
2M	SK.6.1	5 000	1 万	2.5 万	4 万 +	2M	SK.6.2	8 000	1.5 万	2.5 万	6 万 +
2M	SK.6.3	8 000	1.5 万	3 万 +		2M	SK.7.1	4 000	8 000	1.5 万	3 万 +

2M SK.7.2.1 回历 1311 年（1893）阿城，双回历　　　　　2M SK.7.2.2 回历 1311 年（1893）阿城

光绪银元库平重二钱（2 Mace）

2M SK.8.1 无纪年（1897），德国拜赫厂黄铜试样　　　　2M SK.8.2 无纪年（1897），德国拜赫厂红铜试样

光绪银圆贰钱、二钱（二钱，2 Mace）
（迪化）

2M SK.8.3 无纪年（1897），德国拜赫厂版　　　　　　　2M SK.9.1 回历 1321 年（1903）迪化

2M SK.9.2 回历 1322 年（1904）迪化　　　　　　　　　2M SK.9.3.1 回历 1323 年（1905）迪化

面值	编号	普品	极美	近未使用	未使用	面值	编号	普品	极美	近未使用	未使用
2M	SK.7.2.1	4 000	8 000	1.5 万	3 万 +	2M	SK.7.2.2	4 000	8 000	1.5 万	3 万 +
2M	SK.8.1				无定价	2M	SK.8.2				无定价
2M	SK.8.3			无定价		2M	SK.9.1	500	1 000	2 000	8 000+
2M	SK.9.2	500	1 000	2 000	8 000+	2M	SK.9.3.1	500	1 000	2 000	8 000+

2M SK.9.3.2 回历 1323 年（1905）迪化，贰钱　　　　　2M SK.9.4 回历 1324 年（1906）迪化，贰钱

饷银二钱 (2 Mace)
（迪化）

2M SK.9.5 回历 1325 年（1907）迪化，贰钱　　　　　2M SK.10.1 无纪年（1907），面回文

2M SK.10.2 无纪年（1907），珠圈龙　　　　　　　　　2M SK.10.3 无纪年（1907），下回文

2M SK.10.4 无纪年（1907），下回文普通龙　　　　　　2M SK.10.5 无纪年（1907），背回文

面值	编号	普品	极美	近未使用	未使用	面值	编号	普品	极美	近未使用	未使用
2M	SK.9.3.2	500	1 000	2 000	8 000+	2M	SK.9.4	500	1 000	2 000	8 000+
2M	SK.9.5	500	1 000	2 000	8 000+	2M	SK.10.1	3 000	6 000	1.2 万	3.5 万+
2M	SK.10.2			无定价		2M	SK.10.3	4000	1 万	2 万	5 万+
2M	SK.10.4	2 万	5 万	10 万		2M	SK.10.5	4 万	10 万	25 万	50 万+

光绪银钱壹钱（一钱，Mace）
（喀什地区）

足银壹钱（一钱，Mace）

Mace SK.1 回历 1295 年（1878）　　　　　Mace SK.2 无纪年（1880）

光绪银圆壹钱（一钱，Mace）
（喀什地区）

Mace SK.3.1 无纪年（1892）无地名　　　Mace SK.3.2 回历 1309 年（1891）无地名

Mace SK.3.3.1 回历 1310 年（1892）无地名　　Mace SK.3.3.2 回历 1310 年（1892）汉文纪值，艺术体回文

Mace SK.3.3.3 回历 1310 年（1892），背壹钱　　Mace SK.3.4 回历 1311 年（1893）

面值	编号	普品	极美	近未使用	未使用	面值	编号	普品	极美	近未使用	未使用
Mace	SK.1	1.5 万	2 万	3 万	7 万 +	Mace	SK.2			25 万	60 万 +
Mace	SK.3.1	4 000	8 000	1.5 万	2.5 万 +	Mace	SK.3.2	4 000	8 000	1.5 万	2.5 万 +
Mace	SK.3.3.1	3 500	5 000	8 000	1.5 万 +	Mace	SK.3.3.2	5 000	1 万	2 万	3.5 万 +
Mace	SK.3.3.3	3 500	5 000	8 000	1.5 万 +	Mace	SK.3.3.4	3 500	5 000	8 000	1.5 万 +

壹钱（一钱，Mace）
（喀什地区）

Mace SK.4.1 回历 1313 年（1895）喀什   Mace SK.4.2.1 回历 1322 年（1904）喀什壹钱

Mace SK.4.2.2 回历 1322 年（1904）喀什壹钱，背左长花   Mace SK.4.2.3 回历 1322 年（1904），喀什壹钱背

Mace SK.4.3.1 回历 1323 年（1905），左回历，反 S 龙   Mace SK.4.3.2 回历 1323 年（1905），右回历，反 S 龙

光绪银元一钱（Mace）
（阿克苏地区）

Mace SK.5 回历 1310 年（1892）阿城

面值	编号	普品	极美	近未使用	未使用	面值	编号	普品	极美	近未使用	未使用
Mace	SK.4.1	3 500	5 000	1 万	2 万 +	Mace	SK.4.2.1	3 500	5 000	1 万	2.5 万 +
Mace	SK.4.2.2	8 000	1.5 万	3 万	5 万 +	Mace	SK.4.2.3	8 000	1.5 万	3 万	5 万 +
Mace	SK.4.3.1	1.5 万	3 万	5 万	12 万 +	Mace	SK.4.3.2	1.5 万	3 万	5 万	12 万 +
Mace	SK.5			无定价							

光绪银元库平重一钱（Mace）

Mace SK.6.1 无纪年（1897），德国拜赫厂黄铜试样　　　　Mace SK.6.2 无纪年（1897），德国拜赫厂版

饷银一钱（Mace）
（迪化）

Mace SK.7.1 无纪年（1907），面回文　　　　Mace SK.7.2 无纪年（1907），面回文草书

Mace SK.7.3 无纪年（1907），背回文　　　　Mace SK.7.4 无纪年（1907），无回文

汉字伍分、五分（五分，½ Mace）

½ M SK.1.1 无纪年（约1878）光绪银钱，汉满回文，叶尔羌　　　　½ M SK.1.2 无纪年（约1878）光绪银钱，汉回文，叶尔羌

面值	编号	普品	极美	近未使用	未使用	面值	编号	普品	极美	近未使用	未使用
Mace	SK.6.1				无定价	Mace	SK.6.2				无定价
Mace	SK.7.1	8 000	2万	4万	10万+	Mace	SK.7.2	8 000	2万	4万	10万+
Mace	SK.7.3	4万	10万	25万	50万+	Mace	SK.7.4	8 000	2万	4万	10万+
½M	SK.1.1	300	500	1 000	4 000+	½M	SK.1.2	300	500	1 000	4 000+

½ M SK.1.3 无纪年（约 1878）光绪银钱，汉回文，叶尔羌，回文反字　　　　½ M SK.1.4 回历 1295 年（1878）光绪银钱，叶尔羌

½ M SK.2.1 无纪年（约 1878）光绪银钱，喀什　　　　½ M SK.2.2 回历 1295 年（1878）光绪银钱，喀什

½ M SK.3 无纪年（约 1878）光绪银钱，和田　　　　½ M SK.4 无纪年（约 1878）光绪元年，英吉沙

 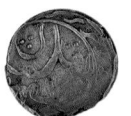

½ M SK.5.1 回历 1295 年（1878）五分，喀什　　　　½ M SK.5.2 回历 1295 年（1878）五分改嘉禾，喀什

面值	编号	普品	极美	近未使用	未使用	面值	编号	普品	极美	近未使用	未使用
½M	SK.1.3	500	1 000	4 000		½M	SK.1.4	300	500	1 000	4 000+
½M	SK.2.1	1 000	1 500	3 000	8 000+	½M	SK.2.2	500	600	1 000	4 000+
½M	SK.3	800	1 200	2 000	6 000+	½M	SK.4	3 000	5 000	8 000	1.5 万+
½M	SK.5.1	150	300	800	2 000+	½M	SK.5.2		2 万+		

½ M SK.6 光字天罡，回历 1296/7/8/9 类，阿克苏　　　　　　　½ M SK.7 楚字天罡，库车

½ M SK.8 元字天罡，库车　　　　　　　　　　　　　　　　½ M SK.9 宝字天罡，库车

½ M SK.10.1 回历 1313 年（1895）绳边，喀什　　　　　　　½ M SK.10.2 回历 1313 年（1895）中心花，喀什

½ M SK.10.3 回历 1313 年（1895）T 字边，喀什　　　　　　½ M SK.10.4 回历 1313 年（1895）锯齿边，喀什

面值	编号	普品	极美	近未使用	未使用	面值	编号	普品	极美	近未使用	未使用
½ M	SK.6	150	300	800	2 000+	½ M	SK.7	6 000	1 万	2 万	4 万+
½ M	SK.8	8 000	1.5 万	3 万	4.5 万+	½ M	SK.9	6 000	1 万	2 万	4 万+
½ M	SK.10.1	3 000	4 000	6 000	2 万+	½ M	SK.10.2	3 000	4 000	6 000	2 万+
½ M	SK.10.3	3 000	4 000	6 000	2 万+	½ M	SK.10.4	3 000	4 000	6 000	2 万+

回文五分（五分，½ Mace）

½ M SK.11 无纪年（约 1878）四满文，库车   ½ M SK.12.1 回历 1294 年（1877）方框，库车

½ M SK.12.2 回历 1294 年（1877）回文光绪三年，库车   ½ M SK.12.3 回历 1295 年（1878）回文光绪四年，库车

½ M SK.13 回历 1296 年（1879），阿克苏   ½ M SK.14 无纪年 & 回历纪年类，喀什

½ M SK.15 回历 1291—1295 年（1874—1878），喀什

面值	编号	普品	极美	近未使用	未使用	面值	编号	普品	极美	近未使用	未使用
½ M	SK.11		1 万	2 万		½ M	SK.12.1	2 000	4 000	6 000	1.2 万 +
½ M	SK.12.2	300	500	1 500	3 000+	½ M	SK.12.3	150	300	500	2 000+
½ M	SK.13	150	300	500	2 000+	½ M	SK.14	150	300	500	2 000+
½ M	SK.15	2 000	5 000	1 万	2 万 +						

民国时期

壹两、饷银一两（一两，Sar）

Sar SKR.1.1 民国元年（1912），四条纹旗　　　　　Sar SKR.1.2 民国元年（1912），二条纹旗

Sar SKR.2.1 民国六年（1917）迪化银圆局造　　　　Sar SKR.2.2 民国六年（1917）迪化银圆局造，无梅花

币面唯一只列汉字的"迪化一两"

民国纪元后新疆在两地发行银币。迪化银圆局有"民国元年壬子饷银一两"，系新疆流通银币中唯一只列汉字者，"民国六年"及"民国七年"版加上维吾尔文。1912—1916年有正面汉字"新疆喀造饷银五钱"，只有五钱一种面额，版式以图样为五星、花饰或花朵而分多种。1949年，新疆实施币制改革恢复银本位，并自行筹制"新疆省造币厂铸"壹圆银币。版式杂多，以民国年号改为"一九四九年"者最少见。

Sar SKR.3 民国七年（1917）迪化银圆局造

面值	编号	普品	极美	近未使用	未使用	面值	编号	普品	极美	近未使用	未使用
Sar	SKR.1.1	8 000	2万	4万	15万+	Sar	SKR.1.2	1万	3万	6万	25万+
Sar	SKR.2.1	1 500	3 500	8 000	2.5万+	Sar	SKR.2.2	1 500	3 500	8 000	2.5万+
Sar	SKR.3	2 500	4 000	1万	3万+						

饷银伍钱（五钱，5 Mace）

5M SKR.1.1 民国元年（1912），四条纹旗   5M SKR.1.2 民国元年（1912），二条纹旗

5M SKR.2 回历 1330 年（1912）新疆喀造   5M SKR.3.1 回历 1331 年（1912）新疆喀造，边五星

5M SKR.3.2 回历 1331 年（1912）新疆喀造，边花   5M SKR.4.1 回历 1332 年（1913）新疆喀造，边五星

5M SKR.4.2 回历 1332 年（1913）新疆喀造，边花   5M SKR.4.3 回历 1332 年（1913）新疆喀造，繁花

面值	编号	普品	极美	近未使用	未使用	面值	编号	普品	极美	近未使用	未使用
5M	SKR.1.1	2 000	5 000	1 万	2.5 万+	5M	SKR.1.2	2 000	5 000	1.2 万	3 万+
5M	SKR.2	800	1 500	5 000	2 万+	5M	SKR.3.1	800	1 500	5 000	2 万+
5M	SKR.3.2	800	1 500	5 000	2 万+	5M	SKR.4.1	800	1 500	5 000	2 万+
5M	SKR.4.2	800	1 500	5 000	2 万+	5M	SKR.4.3	800	1 500	5 000	2 万+

5M SKR.4.4 回历 1332 年（1913）新疆喀造，错国　　　　5M SKR.4.5 回历 1332 年（1913）新疆喀造，边花繁花背

5M SKR.5 回历 1334 年（1915）新疆喀造　　　　5M SKR.6 无纪年，新疆喀造

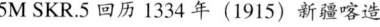

壹圆（一圆，$1）

$1 SKR.1.1 民国卅八年（1949）新疆省造币厂铸，尖足 1

面值	编号	普品	极美	近未使用	未使用	面值	编号	普品	极美	近未使用	未使用
5M	SKR.4.4	1 000	2 000	5 000	2 万+	5M	SKR.4.5	800	1 500	5 000	2 万+
5M	SKR.5	800	1 500	5 000	2 万+	5M	SKR.6	1 000	2 000	5 000	2 万+
$1	SKR.1.1	2 500	5 000	1.2 万	4 万+						

$1 SKR.1.2 民国卅八年（1949）新疆省造币厂铸，方足 1

$1 SKR.1.3 民国卅八年（1949）新疆省造币厂铸，童体字

$1 SKR.1.4 民国卅八年（1949）新疆省造币厂铸，牛角壹

面值	编号	普品	极美	近未使用	未使用
$1	SKR.1.2	3 500	8 000	2万	6万+
$1	SKR.1.3	8 000	1.5万	4万+	
$1	SKR.1.4	8 000	1.5万	4万+	

$1 SKR.1.5 民国卅八年（1949）新疆省造币厂铸，空心壹

$1 SKR.2.1 一九四九年（1949）新疆省造币厂铸

$1 SKR.2.2 一九四九年（1949）新疆省造币厂铸，空心结

面值	编号	普品	极美	近未使用	未使用
$1	SKR.1.5	8 000	1.5 万	4 万	8 万+
$1	SKR.2.1	2 万	4 万	10 万	25 万+
$1	SKR.2.2	2 万	6 万	12 万	30 万+

26
西藏造
TIBET

(TB)

西藏，今西藏自治区，面积122.84万平方公里，位于青藏高原西南部边疆，有"世界屋脊"之称。东部、北部与云南、四川、青海、新疆接壤，西部、南部与印度、尼泊尔、不丹、缅甸等国为邻。唐时为吐蕃，清初称卫藏，汉语"西藏"一词最早见诸康熙年记载，简称"藏"。宣统年间人口推算为135万人左右。

古时藏区与内地交易多为以物易物，出口马匹、药材等换取茶叶、丝绸、瓷器等，大笔交易使用砂金及银锭，小额交易则使用碎银。明代中后期与南方的贸易增加，使用硬币的情况增多。

外国货币流入尤以尼泊尔银币行用较广，藏区货币流通逐渐以5克半左右的薄片银钱为主。薄片银钱以土法打制而成，因设备及技术落后，风格粗犷是藏币的特征。初期请尼泊尔代造，也曾短暂自制，乾隆皇帝在拉萨布达拉宫山下设宝藏局发行"五十八年宝藏银币"（1793年），首创了汉字纪年钱币的先例。此后尼泊尔银钱影响力逐渐式微，最终退出藏区。

"乾隆宝藏"银币发行的第一年有重一钱五分、一钱及五分三种，以一钱行用最广，其后的嘉庆、道光年间的宝藏银币都只有一钱，道光十六年（1836年）是宝藏薄片银钱的最后一个发行年份。清中后期，清廷对于藏区造币监管松弛，由地方自行铸发，到了清末，中央意图恢复对西藏地方造币事务的监管，发行二钱及一钱两种"宣统宝藏"。民国初期，西藏当地间断发行更新年份但无汉字的狮图银币，版别甚多，一直生产到20世纪50年代初结束。

宣统元年（1909年）西藏引入水力螺旋式造币机，在拉萨北郊设厂造币。民国成立后，初期增设若干小规模造币厂，20世纪30年代西藏从印度购置发电机及印花机在拉萨北郊处新建扎西电机厂，以较现代的机器工厂造币。

五十两"阿久果木"(50 Sr)

50 Sr TB.1.1 宝瓶狮图（1951），样币　　　　　　50 Sr TB.1.2 宝瓶狮图（1951），红铜试样

50 Sr TB.2 宝瓶布达拉宫（1951），样币

西藏"阿久果木"五十两样币

西藏和平解放前，藏区当地流通的银币信誉不佳，购买力也很低。为了抵御通货膨胀，1951年春，扎西电机厂制作了"阿久果木"银币样币。"阿久果木"的汉译就是五十两圆钱。该币直径34.5毫米，厚3毫米，重26克，有宝瓶狮图版、宝瓶布达拉宫版、法轮布达拉宫版三种版式。此三种样币未正式发行，存世皆罕。

50 Sr TB.3.1 法轮布达拉宫（1951），样币　　　　50 Sr TB.3.2 法轮布达拉宫（1951），红铜试样

面值	编号	普品	极美	近未使用	未使用	面值	编号	普品	极美	近未使用	未使用
50 Sr	TB.1.1			50万	80万+	50 Sr	TB.1.2			50万	80万+
50 Sr	TB.2				无定价						
50 Sr	TB.3.1				无定价	50 Sr	TB.3.2				无定价

二十五两"尼阿果木"(25 Sr)

大字　　小字

25 Sr TB.1 宝瓶狮图（1951），大字，样币

25 Sr TB.2.1 宝瓶狮图（1951），样币　　　　25 Sr TB.2.2 宝瓶狮图（1951），红铜试样

二十两"色章果木"金币（20 Sr/G）

20 Sr/G TB.1.1 藏历 15-52（1918），红铜试样

西藏金圆

藏语金币称"色章果木"，为"金圆"之意。始于 1918 年（藏历十五甲子第五十二年，通常以 15-52 表示）。正面内圈卧狮及藏历纪年，外圈吉祥图案；背面内为八幅轮图，外圈藏文及面值"二十两银"。在拉萨制作，生产至 1921 年（藏历 15-55），前后仅四年，稀少珍贵。

20 Sr/G TB.1.2 藏历 15-52（1918），有点　　　20 Sr/G TB.1.3 藏历 15-52（1918）

面值	编号	普品	极美	近未使用	未使用	面值	编号	普品	极美	近未使用	未使用
25 Sr	TB.1				无定价						
25 Sr	TB.2.1				无定价	25 Sr	TB.2.2				无定价
20 Sr/G	TB.1.1				无定价						
20 Sr/G	TB.1.2				35 万+	20 Sr/G	TB.1.3			15 万	20 万+

20 Sr/G TB.2 藏历 15-53（1919）　　　　　　　　20 Sr/G TB.3 藏历 15-54（1920）

20 Sr/G TB.4.1 藏历 15-55（1921），有点　　　20 Sr/G TB.4.2 藏历 15-55（1921），3 修 5

20 Sr/G TB.5 藏历 15-57（1923），黄铜试样

20 Sr/G TB.6.1 藏历 16-1（1927），银试样　　　20 Sr/G TB.6.2 藏历 16-1（1927），红铜试样

面值	编号	普品	极美	近未使用	未使用	面值	编号	普品	极美	近未使用	未使用
20 Sr/G	TB.2			15 万	20 万 +	20 Sr/G	TB.3			15 万	20 万 +
20 Sr/G	TB.4.1			30 万	40 万 +	20 Sr/G	TB.4.2			30 万	40 万 +
20 Sr/G	TB.5				50 万 +						
20 Sr/G	TB.6.1				50 万 +	20 Sr/G	TB.6.2				40 万 +

十两 "久果" (10 Sr)

10 Sr TB.1 藏历 16-22（1948）聚宝盆，双日

10 Sr TB.2.1 藏历 16-23（1949）聚宝盆，双日　　　　10 Sr TB.2.2 藏历 16-23（1949）聚宝盆，日月

10 Sr TB.3.1 藏历 16-24（1950）藏文，双日

1	2	3	4	5
༡	༢	༣	༤	༥
གཅིག	གཉིས	གསུམ	བཞི	ལྔ
6	7	8	9	10
༦	༧	༨	༩	༡༠
དྲུག	བདུན	བརྒྱད	དགུ	བཅུ

阿拉伯数字、藏文小写 / 藏文大写对照表

10 Sr TB.3.2 藏历 16-24（1950）聚宝盆，日月

面值	编号	普品	极美	近未使用	未使用	面值	编号	普品	极美	近未使用	未使用
10 Sr	TB.1	2 000	5 000	8 000	1.5 万 +						
10 Sr	TB.2.1	2 000	5 000	8 000	1.5 万 +	10 Sr	TB.2.2	3 000	5 000	1 万	2 万 +
10 Sr	TB.3.1	3 000	5 000	1 万	2 万 +						
10 Sr	TB.3.2	3 000	5 000	1 万	2 万 +						

10 Sr TB.4.1 藏历 16-25（1951）藏文，双日　　　　10 Sr TB.4.2 藏历 16-25（1951）聚宝盆，日月

10 Sr TB.5 藏历 16-26（1952）聚宝盆，日月　　　　藏文大写 4　　藏文大写 5

五两 "阿果" (5 Sr)

5 Sr TB.1 约 1953 八吉祥图

5 Sr TB.2 宝瓶狮图（1953），红铜试样，有细版

面值	编号	普品	极美	近未使用	未使用	面值	编号	普品	极美	近未使用	未使用
10 Sr	TB.4.1	3 000	5 000	1 万	2 万 +	10 Sr	TB.4.2	3 000	5 000	1 万	2 万 +
10 Sr	TB.5	3 000	5 000	1.5 万	3 万 +						
5 Sr	TB.1	3 000	5 000	1 万	1.5 万 +						
5 Sr	TB.2			15 万	20 万 +						

三两"桑松果木" (3 Sr)

3 Sr TB.1 藏历 16-7（1933）

设计精美的"桑松果木"

1933—1934 年，西藏当地发行了一种设计相当精美的三两银币，藏语称为"桑松果木"。该币于 1935 年改为新版，新版正面为宝瓶图案，背面为双日狮图。新版一直生产到1938年，其后停造，1946年又有少量生产。

3 Sr TB.2 藏历 16-8（1934）

藏文大写 7　　藏文大写 8

3 Sr TB.3.1 藏历 16-9（1935）

3 Sr TB.3.2 藏历 16-9（1935），无勾

3 Sr TB.4.1 藏历 16-10（1936）

藏文大写 9　　藏文大写 10　　无勾

面值	编号	普品	极美	近未使用	未使用	面值	编号	普品	极美	近未使用	未使用
3 Sr	TB.1	4 000	6 000	1 万	2 万 +						
3 Sr	TB.2	5 000	8 000	1 万	2.5 万 +						
3 Sr	TB.3.1	3 000	5 000	8 000	1.5 万 +	3 Sr	TB.3.2	5 000	8 000	1 万	2.5 万 +
3 Sr	TB.4.1	2 000	3 000	5 000	1 万 +						

3 Sr TB.4.2 藏历 16-10（1936），无勾　　　　3 Sr TB.4.3 藏历 16-10（1936），十三芒

3 Sr TB.5 藏历 16-11（1937）　　　　　　十三芒　　　藏文大写 11

3 Sr TB.6.1 藏历 16-12（1938）　　　　3 Sr TB.6.2 藏历 16-12（1938），错藏文

3 Sr TB.7 藏历 16-20（1946）　　　藏文大写 12　　错藏文　　藏文大写 20

面值	编号	普品	极美	近未使用	未使用	面值	编号	普品	极美	近未使用	未使用
3 Sr	TB.4.2	5 000	8 000	1.5 万	2.5 万 +	3 Sr	TB.4.3	5 000	8 000	1.5 万	2.5 万 +
3 Sr	TB.5	2 000	3 000	5 000	1 万 +						
3 Sr	TB.6.1	3 000	4 000	8 000	1.5 万 +	3 Sr	TB.6.2	6 000	1 万	1.5 万	3 万 +
3 Sr	TB.7	1 万	1.5 万	2 万	3 万 +						

一两五钱 "桑康雪阿" (1½ Sr)

1½ Sr TB.1 藏历 16-6（1932），未发行

"桑康雪阿"

1932 年，在设计"桑松果木"银币时，曾有与"桑松果木"十分相像的一两五钱小银币试制，后未发行。1936 年，依照新版"桑松"样式制造的一两五钱小银币即"桑康雪阿"，民间称为"桑珠"，意即小"桑松"。"桑康雪阿"制造于 1396—1938 年，其后停造，1946 年也有少量生产。

1½ Sr TB.2 藏历 16-10（1936）

1½ Sr TB.3 藏历 16-11（1937）

1½ Sr TB.4.1 藏历 16-12（1938）

藏文大写 12　　错藏文

1½ Sr TB.4.2 藏历 16-12（1938），错藏文

1½ Sr TB.5 藏历 16-20（1946）

面值	编号	普品	极美	近未使用	未使用	面值	编号	普品	极美	近未使用	未使用
1½ Sr	TB.1				无定价						
1½ Sr	TB.2	1 500	2 000	5 000	8 000+	1½ Sr	TB.3	1 500	2 000	5 000	8 000+
1½ Sr	TB.4.1	1 500	2 000	5 000	8 000+						
1½ Sr	TB.4.2	5 000	8 000	1.5 万	3 万+	1½ Sr	TB.5	1.2 万	1.5 万	2.5 万	4 万+

一两"桑康果木"(Srang)

宣统元年西藏始造机制银圆

宣统元年（1909年），西藏使用机器造币，正式生产的一种大型银币藏语叫"桑康果木"。该币正面方框中有宝焰图案，四周有藏文"宣统元年、一两银"字样；背面中央有法轮图案。五钱"雪阿"银币的形制与一两"桑康果木"银币相同。

Srang TB.1 宣统元年（1909）

Srang TB.2 藏历15-43（1909）　　　　Srang TB.3 藏历15-48（1914）

狮图"桑康果木"

除了法轮图案的"桑康果木"，从宣统元年（1909年）起，西藏当地还制造了狮图"桑康果木"。该币正面中央是宝焰图案，背面中央有太阳和狮图。

Srang TB.4 藏历15-52（1918）

Srang TB.5 藏历15-53（1919）　　　　Srang TB.6 约1930，未发行

面值	编号	普品	极美	近未使用	未使用	面值	编号	普品	极美	近未使用	未使用
Srang	TB.1	5万	10万	15万	20万+						
Srang	TB.2	5万	10万	15万	20万+	Srang	TB.3	20万	25万	30万	40万+
Srang	TB.4	15万	20万	25万	30万+						
Srang	TB.5	8万	10万	20万	25万+	Srang	TB.6			30万	40万+

五钱 "雪阿果木"(5 Sho)

5 Sho TB.1 宣统元年(1909)

法轮图五钱 "雪阿果木"

宣统元年(1909年),西藏使用机器造币,与一两 "桑康果木" 同时制造的还有一种五钱银币,藏语叫 "雪阿果木"。该币正、背面图案同法轮图一两 "桑康果木"。

5 Sho TB.2 藏历 15-47(1913)

5 Sho TB.3 藏历 15-48(1914)

5 Sho TB.4 藏历 15-49(1915)

5 Sho TB.5 藏历 15-50(1916)

5 Sho TB.6 藏历 15-51(1917)

5 Sho TB.7.1 藏历 15-52(1918)

面值	编号	普品	极美	近未使用	未使用	面值	编号	普品	极美	近未使用	未使用
5 Sho	TB.1	8万	12万	20万	30万+						
5 Sho	TB.2	5 000	8 000	1.5万	3万+	5 Sho	TB.3	5 000	8 000	1.5万	3万+
5 Sho	TB.4	4 000	6 000	1万	2万+	5 Sho	TB.5	4 000	6 000	1万	2万+
5 Sho	TB.6	1万	2万	3万	5万+	5 Sho	TB.7.1	5 000	8 000	1.5万	3万+

5 Sho TB.7.2 藏历 15-52（1918），花版　　　　　5 Sho TB.8 藏历 15-53（1919）

5 Sho TB.9 藏历 15-56（1922）　　　　　5 Sho TB.10 藏历 15-59（1925）

5 Sho TB.11 藏历 15-60（1926）　　　　　5 Sho TB.12 藏历 16-1（1927）

5 Sho TB.13 藏历 16-4（1930），未发行　　　　　5 Sho TB.14 约 1930，未发行

面值	编号	普品	极美	近未使用	未使用	面值	编号	普品	极美	近未使用	未使用
5 Sho	TB.7.2	2 万	3 万	5 万	10 万+	5 Sho	TB.8	5 000	8 000	1.5 万	3 万+
5 Sho	TB.9	8 000	1 万	2 万	4 万+	5 Sho	TB.10	1 万	2 万	3 万	5 万+
5 Sho	TB.11	2 万	3 万	5 万	10 万+	5 Sho	TB.12	2 万	3 万	5 万	10 万+
5 Sho	TB.13			30 万	40 万+	5 Sho	TB.14		10 万	15 万	25 万+

二钱 (2 Sho)

2 Sho TB.1 宣统宝藏（1910）

宣统宝藏

清中后期，清廷对于藏区造币监管松弛，由地方自行铸发，到了清末，中央意图恢复对西藏地方造币事务的监管，发行二钱及一钱两种"宣统宝藏"银币。

一钱五分 (1½ Sho)

1½ Sho TB.1.1 乾隆通宝（1792）57，宝藏

1½ Sho TB.1.2 乾隆五十八年（1793）乾隆宝藏

乾隆宝藏

"乾隆宝藏"银币发行的第一年有重一钱五分、一钱及五分三种，以一钱行用最广，其后的嘉庆、道光年间之宝藏银币均只有一钱，道光十六年（1836年）是宝藏薄片银钱的最后一个发行年份。

一钱 (Sho)

Sho TB.1.1 乾隆通宝（1792）57，宝藏

面值	编号	普品	极美	近未使用	未使用
2 Sho	TB.1	5 000	1万	2.5万	5万+
1½Sho	TB.1.1		20万	40万	
1½Sho	TB.1.2	2万	3万	5万	10万+
Sho	TB.1.1		20万	40万	

Sho TB.2.1 乾隆五十八年（1793）乾隆宝藏，小型　　　　Sho TB.2.2 乾隆五十八年（1793）乾隆宝藏

Sho TB.3 乾隆五十九年（1794）乾隆宝藏　　　　Sho TB.4 乾隆六十年（1795）乾隆宝藏

Sho TB.5 乾隆六十一年（1796）乾隆宝藏　　　　Sho TB.6 嘉庆元年（1796）嘉庆宝藏

Sho TB.7 嘉庆二年（1797）嘉庆宝藏　　　　Sho TB.8 嘉庆三年（1798）嘉庆宝藏

面值	编号	普品	极美	近未使用	未使用	面值	编号	普品	极美	近未使用	未使用
Sho	TB.2.1	2万	3万	5万	10万+	Sho	TB.2.2	5 000	8 000	2万	4万+
Sho	TB.3	5 000	8 000	2万	4万+	Sho	TB.4	5 000	8 000	2万	4万+
Sho	TB.5	10万	20万	25万	30万+	Sho	TB.6	2万	3万	5万	10万+
Sho	TB.7		10万	20万		Sho	TB.8		10万	20万	

Sho TB.9 嘉庆四年（1799）嘉庆宝藏

Sho TB.10 嘉庆五年（1800）嘉庆宝藏

Sho TB.11 嘉庆六年（1801）嘉庆宝藏

早期藏币风格粗犷

早期薄片银钱都是以土法打制，成品因设备及技术落后，风格粗犷。直到宣统元年（1909年）西藏才引入以水力驱动的螺旋式造币机，在拉萨北郊设厂造币。

Sho TB.12 嘉庆八年（1803）嘉庆宝藏

Sho TB.13 嘉庆九年（1804）嘉庆宝藏

Sho TB.14 嘉庆二十四年（1819）嘉庆宝藏

Sho TB.15 嘉庆二十五年（1820）嘉庆宝藏

面值	编号	普品	极美	近未使用	未使用	面值	编号	普品	极美	近未使用	未使用
Sho	TB.9		10万	20万		Sho	TB.10		10万	20万	
Sho	TB.11	5万	8万	15万							
Sho	TB.12	2万	3万	5万	10万+	Sho	TB.13	1.5万	2万	3万	8万+
Sho	TB.14	1万	1.5万	2万	4万+	Sho	TB.15	5 000	8 000	1万	2.5万+

Sho TB.16 道光元年（1821）道光宝藏　　　　　　　　Sho TB.17 道光二年（1822）道光宝藏

Sho TB.18 道光三年（1823）道光宝藏　　　　　　　　Sho TB.19 道光四年（1824）道光宝藏

Sho TB.20 道光十五年（1835）道光宝藏　　　　　　　Sho TB.21 道光十六年（1836）道光宝藏

Sho TB.22 宣统宝藏（1910），样币

宣统宝藏

清中后期，清廷对于藏区造币监管松弛，由地方自行铸发，到了清末，中央意图恢复对西藏地方造币事务的监管，发行二钱及一钱两种"宣统宝藏"银币。

面值	编号	普品	极美	近未使用	未使用	面值	编号	普品	极美	近未使用	未使用
Sho	TB.16	1 万	2 万	5 万	10 万+	Sho	TB.17	8 000	1.5 万	3 万	5 万+
Sho	TB.18	8 000	1.5 万	3 万	5 万+	Sho	TB.19	1 万	2 万	3 万	5 万+
Sho	TB.20	2 万	3 万	8 万	12 万+	Sho	TB.21	2 万	3 万	8 万	12 万+
Sho	TB.22				无定价						

Sho TB.23.1 宣统宝藏（1910），玉宝　　　　　　　Sho TB.23.2 宣统宝藏（1910）

───────────────── 七分五 (¾ Sho) ─────────────────

¾ Sho TB.1 乾隆五十八年（1793）乾隆宝藏

───────────────── 五分 (½ Sho) ─────────────────

½ Sho TB.1 乾隆宝藏（1792）57，西藏珍宝　　　　½ Sho TB.2 乾隆五十八年（1793）乾隆宝藏

½ Sho TB.3 乾隆五十九年（1794）乾隆宝藏　　　　½ Sho TB.4 嘉庆六年（1801）嘉庆宝藏

面值	编号	普品	极美	近未使用	未使用	面值	编号	普品	极美	近未使用	未使用
Sho	TB.23.1	1万	2万	5万	10万+	Sho	TB.23.2	8 000	1.5万	3万	5万+
¾ Sho	TB.1	8万	12万	20万	30万+						
½ Sho	TB.1		20万	40万+		½ Sho	TB.2	2万	3万	5万	10万+
½ Sho	TB.3		20万	40万+		½ Sho	TB.4		15万	30万	

十章嘎 (10 Tan)

10 Tan TB.1 1909，未发行

10 Tan TB.2 约 1930，未发行

10 Tan TB.3.1 约 1930，新面，未发行　　　　　10 Tan TB.3.2 约 1930，新面新背，未发行

五章嘎 (5 Tan)

5 Tan TB.1 1909，未发行

面值	编号	普品	极美	近未使用	未使用	面值	编号	普品	极美	近未使用	未使用
10 Tan	TB.1			无定价							
10 Tan	TB.2		15 万	25 万	40 万 +						
10 Tan	TB.3.1		15 万	25 万	40 万 +	10 Tan	TB.3.2		15 万	25 万	40 万 +
5 Tan	TB.1			无定价							

二章嘎 (2 Tan)

2 Tan TB.1 约 1912，双章嘎

早期无纪年章嘎 (Tangka)

Tangka TB.1.1 双面单圈

Tangka TB.1.2 双圈/单圈   Tangka TB.1.3 双面双圈

Tangka TB.2.1 小菱形   Tangka TB.2.2 大菱形

面值	编号	普品	极美	近未使用	未使用	面值	编号	普品	极美	近未使用	未使用
2 Tan	TB.1	2 万	3 万	5 万	10 万 +						
Tangka	TB.1.1	10 万	15 万	20 万	30 万 +						
Tangka	TB.1.2	10 万	15 万	20 万	30 万 +	Tangka	TB.1.3	10 万	15 万	20 万	30 万 +
Tangka	TB.2.1	10 万	15 万	20 万	30 万 +	Tangka	TB.2.2	10 万	15 万	20 万	30 万 +

Tangka TB.3 吉祥　　　　　　　　　　　　　　　Tangka TB.4 吉祥，方框

Tangka TB.5 如意

久松 (Tangka)

Tangka TB.6.1 藏历 13-45（1791）　　　　　　Tangka TB.6.2 藏历 13-46（1792）

Tangka TB.6.3 藏历 13-46（1792）单圈　　　　Tangka TB.6.4 藏历 13-46（1792）一改版

面值	编号	普品	极美	近未使用	未使用	面值	编号	普品	极美	近未使用	未使用
Tangka	TB.3	15 万	20 万	30 万 +		Tangka	TB.4	15 万	20 万	30 万 +	
Tangka	TB.5	15 万	20 万	30 万 +							
Tangka	TB.6.1	2 000	5 000	2 万	5 万 +	Tangka	TB.6.2	2 000	5 000	2 万	5 万 +
Tangka	TB.6.3	2 000	5 000	2 万	5 万 +	Tangka	TB.6.4	5 000	1 万	2 万	5 万 +

Tangka TB.6.5 藏历 13-46（1792）二改版　　　　　　　　Tangka TB.6.6 藏历 13-47（1793）

久阿（Tangka）

Tangka TB.7.1 藏历 15-24（1890）　　　　　　　　Tangka TB.7.2 藏历 15-25（1891）

兰萨文章嘎（Tangka）

Tangka TB.8.1 年份不详

Tangka TB.8.2 藏历 15-28（1894）　　　　　　　　Tangka TB.8.3 藏历 15-30（1896）

面值	编号	普品	极美	近未使用	未使用	面值	编号	普品	极美	近未使用	未使用
Tangka	TB.6.5	1 000	3 000	5 000	1万+	Tangka	TB.6.6	2 000	5 000	1万	2万+
Tangka	TB.7.1	1 000	3 000	5 000	1万+	Tangka	TB.7.2	2 000	5 000	1万	2万+
Tangka	TB.8.1	6 000	1万	2万	5万+						
Tangka	TB.8.2	1.5万	2万	3万	8万+	Tangka	TB.8.3	1.5万	2万	3万	8万+

Tangka TB.8.4 藏历 15-40（1906）　　　　　Tangka TB.8.5 藏历 15-46（1912）

格桑章嘎（Tangka）

Tangka TB.9 1910

章嘎嘎布（Tangka）（1850—1930）

Tangka TB.10.1 初铸　　　　　　　　　Tangka TB.10.2 双水线

Tangka TB.10.3 单水线　　　　　　　　　Tangka TB.10.4 中心小圈

面值	编号	普品	极美	近未使用	未使用	面值	编号	普品	极美	近未使用	未使用
Tangka	TB.8.4	6 000	1万	3万	5万+	Tangka	TB.8.5	1.5万	2万	3万	8万+
Tangka	TB.9	5 000	1万	2万	3万+						
Tangka	TB.10.1	5 000	8 000	2万	3万+	Tangka	TB.10.2	800	1 000	3 000	5 000+
Tangka	TB.10.3	800	1 000	3 000	5 000+	Tangka	TB.10.4	1万	2万	4万	8万+

机制章嘎（Tangka，Milled Coinage）

Tangka TB.11.1 面线，试样

Tangka TB.11.2 面三点，试样

Tangka TB.11.3 面单点，流通版

面值	编号	普品	极美	近未使用	未使用
Tangka	TB.11.1	1万	2万	4万	8万+
Tangka	TB.11.2	1万	2万	4万	8万+
Tangka	TB.11.3	5 000	1万	2万	3万+

27

大清中央造

CHINA EMPIRE

（CE）

　　清政府在光绪二十九年（1903年）开始着手"新国币"的筹备，该年委托日本大阪造币局代刻模具，交稍早成立之北洋银圆局试制"光绪元宝户部一两"系列五种面值银币，主币俗称"户部一两"。没有发行，存世极少。光绪三十一年（1905年），以取水及运煤便捷利于机器运转而设置于天津的造币总厂竣工，"造三品之币，曰大清金币、大清银币、大清铜币，通行天下以归一律"。造币总厂由户部管辖，为清朝唯一的中央造币厂。当时市面缺铜元且北洋银圆局尚在生产银币，故先制作通行全国的"大清铜币"。光绪三十二年（1906年）再试制户部丙午"大清银币"中字计两系列银币四枚，特征是外圈为水波纹饰，主币俗称"中字壹两"。由于国币的"圆两之争"此时尚无定论，币制未定的情形下没有采纳发行，两者皆珍贵品种，后者稀见。

　　光绪三十三年（1907年）岁次丁未，清政府以一两币尺寸及重量过大携带不便，令造币总厂修改设计，替代以沿用外洋尺寸与重量且主币刊以"圆"为单位的通用银币一套四枚，俗称"丁未大清银币"，此版试造数量稍多。因反对意见强烈作罢，次年逢光绪皇帝与慈禧太后双双驾崩，主张计两制最积极的张之洞也随后去世，议论多时的"圆两之争"终告落幕。在新国币未颁定前的一段真空期里，光绪三十四年（1908年）先发行刊有"造币总厂"名称的计圆（主币虽未书"圆"，但沿用外洋成例的尺寸和重量七钱二分）光绪元宝银币三种，为光绪年间唯一以中央政府名义正式发行的银币。其成色及形制虽然合于市面金融的习惯，但在币制未定情况下，只是增加了一种市价较高但无统一币制功能的货币。

宣统二年（1910年），造币总厂根据度支部（户部在"丙午新政"后改为度支部）奏定之《币制则例》条款筹备新国币，委托奥地利维也纳造币厂雕刻"宣统年造大清银币"壹圆系列银币模型四种，小批量生产并未发行。同年清政府自意大利聘鲁乔奇（Luigi Giorgi）担任总雕刻师，重新规划"宣统三年"版新国币，并最终选定"曲须龙"为新国币，在天津、南京及武昌三地生产，待数量充裕后正式发行。武昌辛亥革命爆发后，情势危急下成品被提用充当军饷。民国成立后不便续用前朝龙银，故此"宣三"大清银币的制额有限。

古代中国虽有制作成货币形式的金质钱，但并非作为流通之用，在与外洋贸易中也未扮演重要角色。19世纪中叶，西方主要国家先后采用金本位制导致金贵银贱，致使大清在偿付外债及赔款的汇兑上损失巨大，于是有了改革及仿效列强实施金本位币制之议。光绪三十一年（1905年）天津造币总厂建成，翌年总厂就着手试制光绪帝号"丙午年造"（1906年）、"丁未年造"（1907年）之"大清金币"两种，是清代首次也是唯一以中央名义制作的金币。由于清政府对于银圆主币的重量究竟是沿用外洋成例的"七钱二分"，还是援用祖制的"一两"莫衷一是；以及"金本位"、"银本位"孰为本位尚未定议；加上当时国内黄金产量太低，小批量试作后没有发行，存世稀少。丙午金币品种单一；丁未金币亦有大、小云版，以大云版较为罕见，另有合金试样、红铜试样、单面等。

清代

一两金币 (Tael/G)

Tael/G CE.1 丙午年造（1906）大清金币   Tael/G CE.2.1 丁未年造（1907）大清金币，大云龙

Tael/G CE.2.2 无纪年（1907）大清金币，大云龙单面银试样   Tael/G CE.2.3 丁未年造（1907）大清金币

Tael/G CE.2.4 丁未年造（1907）大清金币，合金试样   Tael/G CE.2.5 丁未丁未造（1907）大清金币，红铜试样

面值	编号	普品	极美	近未使用	未使用	面值	编号	普品	极美	近未使用	未使用
Tael/G	CE.1			100万	200万+	Tael/G	CE.2.1				无定价
Tael/G	CE.2.2			无定价		Tael/G	CE.2.3			120万	250万+
Tael/G	CE.2.4				无定价	Tael/G	CE.2.5				无定价

壹两、一两（一两，Tael）

Tael CE.1.1 光绪二十九年（1903）户部光绪元宝，人两

Tael CE.1.2 光绪二十九年（1903）户部光绪元宝，入两

Tael CE.1.3 光绪二十九年（1903）户部光绪元宝，入两，金，后制

面值	编号	普品	极美	近未使用	未使用
Tael	CE.1.1			150万	300万+
Tael	CE.1.2			150万	300万+
Tael	CE.1.3				60万+

Tael CE.2.1 丙午纪年（1906）中字大清银币，40 克，全须版

Tael CE.2.2 丙午纪年（1906）中字大清银币，37 克

"圆两之争"下的中字壹两银币

光绪三十二年（1906 年），天津造币总厂试制户部丙午"大清银币""中"字计两系列银币四枚，特征是外圈为水波纹饰，俗称"中字壹两"。由于国币的"圆两之争"此时尚无定论，币制未定的情形下没有采行。"中字壹两"与之前制作的"户部一两"皆为珍贵品种，稀见。

全须

面值	编号	普品	极美	近未使用	未使用
Tael	CE.2.1				无定价
Tael	CE.2.2			100 万	200 万 +

伍钱、五钱（五钱，5M）

5M CE.1 光绪二十九年（1903）户部光绪元宝

5M CE.2.1 丙午纪年（1906）中字大清银币　　　　5M CE.2.2 丙午纪年（1906）中字大清银币，减重版

贰钱、二钱（二钱，2M）

2M CE.1.1 光绪二十九年（1903）户部光绪元宝　　2M CE.1.2 光绪二十九年（1903）户部光绪元宝，金，后制

2M CE.2 丙午纪年（1906）中字大清银币

面值	编号	普品	极美	近未使用	未使用	面值	编号	普品	极美	近未使用	未使用
5M	CE.1			80万	150万+						
5M	CE.2.1				120万+	5M	CE.2.2				80万+
2M	CE.1.1			30万	60万+	2M	CE.1.2				15万+
2M	CE.2				40万+						

壹钱、一钱（一钱，Mace）

Mace CE.1.1 光绪二十九年（1903）户部光绪元宝　　　　Mace CE.1.2 光绪二十九年（1903）户部光绪元宝，金，后制

Mace CE.2 丙午纪年（1906）中字大清银币

五分（½ M）

½ M CE.1.1 光绪二十九年（1903）户部光绪元宝　　　　½ M CE.1.2 光绪二十九年（1903）户部光绪元宝，光边

½ M CE.1.3 光绪二十九年（1903）户部光绪元宝，金

面值	编号	普品	极美	近未使用	未使用	面值	编号	普品	极美	近未使用	未使用
Mace	CE.1.1			30万	60万+	Mace	CE.1.2				15万+
Mace	CE.2				25万+						
½ M	CE.1.1			30万	60万+	½ M	CE.1.2				无定价
½ M	CE.1.3				无定价						

壹圆（一圆，$1）

$1 CE.1.1 丁未纪年（1907）大清银币　　　　　$1 CE.1.2 丁未纪年（1907）大清银币，红铜试样

光绪元宝库平七钱二分（一圆，$1）

　　　　　　　　　　　　　　　　　　　　　　　丁未龙　　造总龙

$1 CE.2.1 无纪年（1908）造币总厂试样，丁未龙

$1 CE.2.2 无纪年（1908）造币总厂，中带点　　　$1 CE.2.3 无纪年（1908）造币总厂

面值	编号	普品	极美	近未使用	未使用	面值	编号	普品	极美	近未使用	未使用
$1	CE.1.1			60万	120万+	$1	CE.1.2				无定价
$1	CE.2.1				无定价						
$1	CE.2.2				100万+	$1	CE.2.3	8 000	3万	6万	15万+

壹圆（一圆，$1）

宣统年造大清银币的试水

宣统二年（1910年），造币总厂根据度支部（户部在"丙午新政"后改为度支部）奏定之《币制则例》条款筹备新国币，委托奥地利维也纳造币厂雕刻"宣统年造大清银币"壹圆系列银币模型四种。小批量生产并未发行，存世者伍角稍多，而贰角伍分乃中国银币仅见的面值。

$1 CE.3.1 宣统年造（1910）大清银币，奥地利维也纳厂样币

$1 CE.3.2 宣统年造（1910）大清银币，奥地利维也纳厂铅试样（面）

$1 CE.3.3 宣统年造（1910）大清银币，奥地利维也纳厂铅试样（背）

$1 CE.3.4 宣统年造（1910）大清银币，奥地利维也纳厂试样（背）

$1 CE.3.5 宣统年造（1910）大清银币

面值	编号	普品	极美	近未使用	未使用	面值	编号	普品	极美	近未使用	未使用
$1	CE.3.1				无定价						
$1	CE.3.2				无定价	$1	CE.3.3				无定价
$1	CE.3.4				无定价	$1	CE.3.5			30万	60万+

新国币的诞生——"宣三"大清银币

除了委托奥地利筹备新国币外,清政府还聘请了意大利人乔奇(Luigi Giorgi)担任总雕刻师,规划宣统三年版新国币。计制作币样"长须龙"、"短须龙"、"反龙"、"大尾龙"及"曲须龙"五种,最终乔奇设计的"曲须龙"被选定为新国币,并在天津、南京及武昌三地生产。

$1 CE.4 宣统三年(1911)大清银币,短须龙

$1 CE.5.1 宣统三年(1911)大清银币,长须龙,阴花　　　　　$1 CE.5.2 宣统三年(1911)大清银币,长须龙,阳花

$1 CE.5.3 宣统三年(1911)大清银币,长须龙,金　　　　　$1 CE.5.4 宣统三年(1911)长须龙,小字面

面值	编号	普品	极美	近未使用	未使用	面值	编号	普品	极美	近未使用	未使用
$1	CE.4				无定价						
$1	CE.5.1			150万	300万+	$1	CE.5.2			100万	200万+
$1	CE.5.3				无定价	$1	CE.5.4				400万+

阴花　　　　阳花　　　　小字面

$1 CE.6.1 宣统三年（1911）大清银币，反龙，阳花

反龙　　　　大尾龙　　　　普通

$1 CE.6.2 宣统三年（1911）大清银币，反龙，阴花

$1 CE.7.1 宣统三年（1911）大清银币，大尾龙，阳花　　　　$1 CE.7.2 宣统三年（1911）大清银币，大尾龙，阴花

面值	编号	普品	极美	近未使用	未使用	面值	编号	普品	极美	近未使用	未使用
$1	CE.6.1				150万+						
$1	CE.6.2				200万+						
$1	CE.7.1				无定价	$1	CE.7.2				无定价

$1 CE.8.1 宣统三年（1911）大清银币，曲须龙，GIORGI　　　　$1 CE.8.2 宣统三年（1911）大清银币，曲须龙，L.GIORGI 阴刻

$1 CE.8.3 宣统三年（1911）大清银币，曲须龙，GIORGI INC.　　　　$1 CE.8.4 宣统三年（1911）大清银币样币，曲须龙

$1 CE.8.5 宣统三年（1911）大清银币，曲须龙　　　　$1 CE.8.6 宣统三年（1911）大清银币，曲须龙，R 后带点

面值	编号	普品	极美	近未使用	未使用	面值	编号	普品	极美	近未使用	未使用
$1	CE.8.1				无定价	$1	CE.8.2				无定价
$1	CE.8.3				无定价	$1	CE.8.4				无定价
$1	CE.8.5	5 000	1万	3万	8万 +	$1	CE.8.6	8 000	1.5万	5万	10万 +

伍角（五角，50C）

50C CE.1 丁未纪年（1907）大清银币

50C CE.2.1 宣统年造（1910）大清银币，奥地利维也纳厂样币

50C CE.2.2 宣统年造（1910）大清银币，奥地利维也纳厂铅试样（面）　　　　50C CE.2.3 宣统年造（1910）大清银币，奥地利维也纳厂铅试样（背）

50C CE.2.4 宣统年造（1910）大清银币

面值	编号	普品	极美	近未使用	未使用	面值	编号	普品	极美	近未使用	未使用
50C	CE.1				40万+						
50C	CE.2.1				无定价						
50C	CE.2.2				无定价	50C	CE.2.3				无定价
50C	CE.2.4	1.5万	4万	8万	15万+						

阳文 GIORGI　　阳文 GIORGI INC.

50C CE.3.1 宣统三年（1911）大清银币，L.GIORGI 阴刻，合金试样（面）

$1 阴文 L.GIORGI　　50C 阴文 L.GIORGI

50C CE.3.2 宣统三年（1911）大清银币，L.GIORGI 阴刻，合金试样（背）

  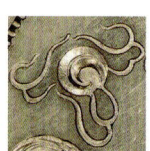 

阴阳旋　　阴旋

50C CE.3.3 宣统三年（1911）大清银币，红铜试样（背）

50C CE.3.4 宣统三年（1911）大清银币，阴阳旋　　50C CE.3.5 宣统三年（1911）大清银币

面值	编号	普品	极美	近未使用	未使用	面值	编号	普品	极美	近未使用	未使用
50C	CE.3.1				无定价						
50C	CE.3.2				无定价						
50C	CE.3.3				无定价						
50C	CE.3.4				180万+	50C	CE.3.5			80万	150万+

贰角伍分（二角五分，25C）

25C CE.1.1 宣统年造（1910）大清银币，奥地利维也纳厂样币

25C CE.1.2 宣统年造（1910）大清银币，奥地利维也纳造币厂铅试样（面）

25C CE.1.3 宣统年造（1910）大清银币，奥地利维也纳造币厂铅试样（背）

25C CE.1.4 宣统年造（1910）大清银币

25C CE.1.5 宣统年造（1910）大清银币，光边

贰角（二角，20C）

20C CE.1 丁未纪年（1907）大清银币

面值	编号	普品	极美	近未使用	未使用	面值	编号	普品	极美	近未使用	未使用
25C	CE.1.1				无定价						
25C	CE.1.2				无定价	25C	CE.1.3				无定价
25C	CE.1.4		10万	25万	50万+	25C	CE.1.5				无定价
20C	CE.1				25万+						

光绪元宝库平一钱四分四厘（二角，20C）

20C CE.2.1 无纪年（1908）造币总厂

20C CE.2.2 无纪年（1908）造币总厂，样币

 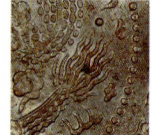

龙尾无点　　龙尾有点

20C CE.2.3 无纪年（1908）造币总厂，龙尾有点

20C CE.2.4 无纪年（1908）造币总厂，龙尾有点，样币

20C CE.2.5 无纪年（1908）造币总厂，龙尾有点，镍试样

20C CE.2.6 无纪年（1908）造币总厂，龙尾有点，镍试样，光边

面值	编号	普品	极美	近未使用	未使用	面值	编号	普品	极美	近未使用	未使用
20C	CE.2.1	3 000	6 000	1.2 万	2.5 万 +						
20C	CE.2.2				无定价						
20C	CE.2.3	3 000	6 000	1.2 万	2.5 万 +	20C	CE.2.4				无定价
20C	CE.2.5				无定价	20C	CE.2.6				无定价

宣统元宝库平一钱四分四厘（二角，20C）

20C CE.3.1 无纪年（1908）造币分厂，阴吉，样币

20C CE.3.2 无纪年（1908）造币分厂，阳吉

造币分厂的由来

1900年庚子事变，沙俄借口护路进入省城并掠夺吉林机器局。经交涉索还修理，次年购地后另建银圆局开工。光绪三十三年（1907年）徐世昌任东三省总督将之并入奉天银圆局，成立东三省制造银圆总局，次年吉林银币面文去省字。改朝后制作宣统年造一钱四分四厘银角，后又更名造币分厂，生产造币分厂中心吉，有阴吉、阳吉两种，前者为罕见样币。

贰角（二角，20C）

20C CE.4.1 宣统三年（1911）大清银币，龙尾有点

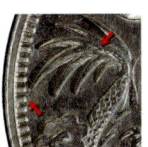  

龙尾有点　　龙尾无点　　凹点有坑

20C CE.4.2 宣统三年（1911）大清银币，龙尾无点

20C CE.4.3 宣统三年（1911）大清银币，龙尾有坑

面值	编号	普品	极美	近未使用	未使用	面值	编号	普品	极美	近未使用	未使用
20C	CE.3.1				无定价						
20C	CE.3.2	1 200	2 000	4 000	1.2万+						
20C	CE.4.1				无定价						
20C	CE.4.2				35万+	20C	CE.4.3		5万	10万	15万+

壹角（一角，10C）

10C CE.1.1 丁未纪年（1907）大清银币

10C CE.1.2 无纪年（1907）大清银币，合背

光绪元宝库平七分二厘（一角，10C）

10C CE.2.1 无纪年（1908）造币总厂

龙尾无点　　龙尾有点

10C CE.2.2 无纪年（1908）造币总厂，龙尾有点

10C CE.2.3 无纪年（1908）造币总厂，龙尾有点，样币

壹角（一角，10C）

10C CE.3.1 宣统年造（1910）大清银币，奥地利维也纳厂样币

面值	编号	普品	极美	近未使用	未使用	面值	编号	普品	极美	近未使用	未使用
10C	CE.1.1			10万	20万+	10C	CE.1.2				20万+
10C	CE.2.1	2 000	4 000	8 000	2万+						
10C	CE.2.2	2 000	4 000	8 000	2万+	10C	CE.2.3				无定价
10C	CE.3.1				无定价						

10C CE.3.2 宣统年造（1910）大清银币，奥地利维也纳厂铅试样（面）　　　　10C CE.3.3 宣统年造（1910）大清银币，奥地利维也纳厂铅试样（背）

10C CE.3.4 宣统年造（1910）大清银币，小型　　　　10C CE.3.5 宣统年造（1910）大清银币，大型

10C CE.3.6 宣统年造（1910）大清银币，小小马齿，镍试样　　　　10C CE.3.7 宣统年造（1910）大清银币，大小马齿，镍试样

10C CE.3.8 宣统年造（1910）大清银币，大马齿合背，镍　　　　大小马齿　　龙尾有点　　凹点有坑

面值	编号	普品	极美	近未使用	未使用
10C	CE.3.2				无定价
10C	CE.3.4				40万+
10C	CE.3.6				无定价
10C	CE.3.8				无定价

面值	编号	普品	极美	近未使用	未使用
10C	CE.3.3				无定价
10C	CE.3.5				25万+
10C	CE.3.7				无定价

10C CE.4.1 宣统三年（1911）大清银币，尾上有点　　　　　10C CE.4.2 宣统三年（1911）大清银币

10C CE.5 无纪年（1905）面 10，英国伯明翰厂试样，6 克

蟠龙图案的镍样

币制改革声中，美国政府应清廷之邀，在光绪三十年（1904 年）派顾问精琦来华，其提出多项改革方案，建议中国的辅币除采用银铜材质外，亦应有镍币。因国际银价此时已逐渐回升，减轻了汇兑损失在财政上的压力，加上全案牵连甚广而未被采纳。

英国伯明翰造币厂在次年（1905 年）制作以蟠龙为图案的展示用纯镍质样币一套，分别是"10"、"5" 及 "2" 三种，因币制未定无疾而终。镍样背面蟠龙图案与"陕西光绪元宝"相同，非常罕见。宣统二年的《币制则例》中明订五分镍币一种，但未付诸实施。

5C CE.1 无纪年（1905）面 5，英国伯明翰厂试样，4 克

2C CE.1 无纪年（1905）面 2，英国伯明翰厂试样，2.5 克

面值	编号	普品	极美	近未使用	未使用	面值	编号	普品	极美	近未使用	未使用
10C	CE.4.1				40 万 +	10C	CE.4.2	5 000	1.5 万	3 万	6 万 +
10C	CE.5				无定价						
5C	CE.1				无定价						
2C	CE.1				无定价						

28

民国中央造

REPUBLIC OF CHINA

(RC)

1912年（民国元年）民国建立并定都南京，推举孙中山为临时大总统，另选黎元洪为副总统。局势未定，各地仍续用龙银旧模，而国体变更，未便沿用前朝货币形制。1912年财政总长呈请以大总统肖像为图案始造新币。新币面书"开国纪念币"五字，图案五谷模型象征丰岁足民；五瓣梅花及嘉禾旁的一穗三叶，表示五权宪法与三民主义之意。嘉禾也成常见图案。在此之前，中国硬币仅四川卢比上有头像，而此后人像成为中国近代银圆的主要图案。

1914年（民国三年）《国币条例》颁布，仍由意藉雕刻师乔奇设计制模。币样完成后，乔奇亲赴北京呈览袁世凯而未受赞赏，乔奇深感挫折乃要求重刻并获核准。新雕成者即俗称"袁大头"的侧面像通用币。试制币样俗称"七分脸"，两者都有签名版存世。袁像银圆大量发行后，由于制作精美、质量稳定，市面上流通的外国银圆逐渐为之取代。因北京兵变遭焚毁的天津造币厂于1914年重建（称"东厂"），专造银币。袁像银圆即于此雕刻祖模颁发各分厂生产，计有民国三年、民国八年、民国九年、民国十年四个年份，因在各分厂生产，故版别极多。上海中央造币厂建成后，天津银钱业界建议改为分厂未成，"废两改元"后关闭。

北洋政府当政时，曾筹备以国徽龙凤黼黻图替代袁世凯肖像的"民国十二年"版新国币，俗称"龙凤"银圆，但没有正式发行。贰角及壹角则于1926年（民国十五年）发行，数量颇多。北伐后天津造币厂亦曾以孙中山肖像试制"民国十八年"版壹圆及贰角新国币，均未发行，极珍稀。北伐后以南京为中央，筹划的孙像新国币有背中山陵图案俗称"十六年陵墓"币，以及请美、英、意、奥及日本五国设计比稿之帆船图案的"十八年三帆"币，均仅试制了少许样品而没有正式投入生产。

1930年上海中央造币厂建成后，率先进行金本位样币的筹备，选定意大利版并请美国费城造币厂雕刻全套币模，尔后依据《银本位币制造条例》及"废两改元"生产孙中山像帆船图案新国币，发行的有民国二十一年、民国二十二年、民国二十三年三个年份。后因国际银价大涨而实施法币政策，银圆停止发行。先前的金本位样币及后来的"二十四年"版、小型化"二十四年""二十五年"版与"二十六年"版等皆成为罕见品。1937年日军全面侵华，抗战爆发，中央造币厂分迁内陆各处并改面生产铜镍辅币，直到抗战胜利迁回后，又短暂恢复帆船银圆的生产。

清末民初，用银铜为币材的观念仍根深蒂固，官方未认真考虑发行镍币。有关镍币的法令最早见于宣统二年（1910年），但度支部以镍矿及镍币制作方法尚在调查为由并未推行。民初《国币条例》颁布时列有镍币，总厂"民国三年"版袁像系列亦制作五分样币但未发行，因币制改革时必主币先行，辅币在后。1930年筹划金本位币时重新纳入，有梅花图案的"半毫"及"贰仙"镍币样两种。改银本位后制作孙像布图"二十四年"（1935年）版甘分、拾分、伍分样币，发行时改为"二十五年"版，因需求量大，除上海中央造币厂生产外，亦委托奥地利维也纳造币厂制作一批，后者在布图下方加A以示区别，材质皆为纯镍。抗战爆发，中央造币厂内迁，前后在武昌、成都、兰州、桂林、昆明等地设分厂生产。1940年起，因法币贬值改纯镍材质为铜镍锌合金，是为民国二十九年版；1941年另增加半圆面值一种。1943年底，币材价格再次超过面值，硬币的生产完全停止。

伍拾圆金币（五十圆，$50）

民国时期的金币

民国肇建后，民国财政部并未终止货币金本位制的构想。袁世凯复辟称帝时发行"洪宪纪元"（1916年）拾圆金币，随帝制撤销制额甚低。另有无面值袁像伍圆型龙图小金章。北洋政府时期，1919年（民国八年）财政部令天津造币厂制作发行了少量袁像"拾圆"及"贰拾圆"两种金币，未在市面流通。此外，尚有"民国十六年"（1927年）张作霖像"伍拾圆"金币，未发行，目前仅见二枚，为民国钱币中大珍名誉品。民国初年至北伐前，有多款以银币模具制作的金币，包括孙中山像开国纪念币壹圆及贰角，袁世凯像壹圆，袁世凯像共和及飞龙，徐世昌像，曹锟文武装像，段祺瑞像，龙凤黼黻图等银模金样。

$50 RC.1 民国十六年（1927）张作霖像黼黻

面值	编号	普品	极美	近未使用	未使用
$50	RC.1				无定价

贰拾圆金币（二十圆，$20）

$20 RC.1.1 民国八年（1919）袁像嘉禾

$20 RC.1.2 民国八年（1919）袁像嘉禾，红铜试样

$20 RC.2 民国三十八年（1949）竖贰拾元，红铜试样，光边

$20 RC.3 民国三十八年（1949）下贰拾元，红铜试样

拾圆金币（十圆，$10）

$10 RC.1.1 民国八年（1919）袁像嘉禾

$10 RC.1.2 民国八年（1919）袁像嘉禾，银试样

$10 RC.1.3 民国八年（1919）袁像嘉禾，红铜试样

面值	编号	普品	极美	近未使用	未使用	面值	编号	普品	极美	近未使用	未使用
$20	RC.1.1			35万	80万+	$20	RC.1.2				85万+
$20	RC.2				无定价	$20	RC.3				无定价
$10	RC.1.1			15万	35万+	$10	RC.1.2				无定价
$10	RC.1.3				45万+						

$10 RC.2.1 无纪年（1916）袁像洪宪飞龙，L.GIORGI　　　　　L.GIORGI

$10 RC.2.2 无纪年（1916）袁像洪宪飞龙，L.GIORGI，银试样　　$10 RC.2.3 无纪年（1916）袁像洪宪飞龙，L.GIORGI，红铜试样

$10 RC.2.4 无纪年（1916）袁像洪宪飞龙　　　　　　　　$10 RC.2.5 无纪年（1916）袁像洪宪飞龙，银试样

$10 RC.2.6 无纪年（1916）袁像洪宪飞龙，红铜试样　　　$10 RC.2.7 无纪年（1916）洪宪飞龙，红铜试样（背）

面值	编号	普品	极美	近未使用	未使用	面值	编号	普品	极美	近未使用	未使用
$10	RC.2.1				无定价						
$10	RC.2.2				无定价	$10	RC.2.3				无定价
$10	RC.2.4				80万+	$10	RC.2.5				无定价
$10	RC.2.6				无定价	$10	RC.2.7				无定价

(19) 16年9月2日

$10 RC.2.8 无纪年（1916）洪宪飞龙，单面，铅试样

$10 RC.3.1 民国三十八年（1949）下拾元，满穿银试样，光边

$10 RC.3.2 民国三十八年（1949）下拾元，红铜试样

伍圆金币（章）（五圆，$5）

$5 RC.1 无纪年（1916）袁像洪宪团龙

$5 RC.2 约 1916，三年袁像团龙

面值	编号	普品	极美	近未使用	未使用	面值	编号	普品	极美	近未使用	未使用
$10	RC.2.8				无定价						
$10	RC.3.1				无定价	$10	RC.3.2				无定价
$5	RC.1				80万+						
$5	RC.2				80万+						

壹两金币（一两，Tael/G）

Tael/G RC.1 民国三十八年（1949）梅花无面值，银试样

Tael/G RC.2 民国三十八年（1949）金字，祖模（非原大）

伍钱金币（五钱，5 Mace/G）

5M/G RC.1 民国三十八年（1949）梅花无面值，青铜试样，光边

面值	编号	普品	极美	近未使用	未使用
Tael/G	RC.1				无定价
Tael/G	RC.2				无定价
5M/G	RC.1				无定价

5M/G RC.2.1 民国三十八年（1949）金字，银试样　　　　　5M/G RC.2.2 民国三十八年（1949）金字，红铜试样

肆钱金币（四钱，4 Mace/G）

近代最后的金币

1948—1949年国内金融紊乱，国民政府纸钞急遽贬值，当局曾制作各种"银圆金币"及"币形金块"样品。存世有配合金圆券发行、旋而中止的"民国三十八年"版计值及计重金币两版，仅有银铜样，其他尚有以布图镍币旧模试造及改刻的"三十九年"计重金币（因国民党溃逃台湾并未发行流通）及中央造币厂各种重量的小金条。

4M/G RC.1 "民国三十九年"（1950）孙像布图

贰钱伍分金币（二钱五分，2.5 Mace/G）

2.5M/G RC.1.1 民国三十八年（1949）金字，银试样，光边　　　2.5M/G RC.1.2 民国三十八年（1949）金字，红铜试样，光边

贰钱金币（二钱，2 Mace/G）

2M/G RC.1 民国三十八年（1949），银试样，光边　　　　　2M/G RC.2 "民国三十九年"（1950）孙像布图

面值	编号	普品	极美	近未使用	未使用	面值	编号	普品	极美	近未使用	未使用
5M/G	RC.2.1				无定价	5M/G	RC.2.2				无定价
4M/G	RC.1				25万+						
2.5M/G	RC.1.1				无定价	2.5M/G	RC.1.2				无定价
2M/G	RC.1				无定价	2M/G	RC.2				25万+

壹钱金币（一钱，Mace/G）

Mace/G RC.1.1 民国三十八年（1949），中孔，银试样

Mace/G RC.1.2 民国三十八年（1949），中孔，红铜试样

Mace/G RC.1.3 民国三十八年（1949），满穿，银试样，光边

Mace/G RC.1.4 民国三十八年（1949），满穿，红铜试样

Mace/G RC.2 "民国三十九年"（1950）孙像布图，大写壹钱

Mace/G RC.3 "民国三十九年"（1950）孙像布图，小写一钱

大写壹钱　　小写一钱

面值	编号	普品	极美	近未使用	未使用	面值	编号	普品	极美	近未使用	未使用
Mace/G	RC.1.1				无定价	Mace/G	RC.1.2				无定价
Mace/G	RC.1.3				无定价	Mace/G	RC.1.4				无定价
Mace/G	RC.2				20万+						
Mace/G	RC.3				20万+						

壹圓（一圓，$1）

$1 RC.1.1 无纪年（1912）孙中山像开国纪念币，下五角星　　　　$1 RC.1.2 无纪年（1912）孙中山像开国纪念币，下五角星，金

$1 RC.2 无纪年（1912）孙中山像开国纪念币，上五角星

早期孙像银圆的"下五星"和"上五星"版

孙中山像开国纪念币壹圆由外圈间隔英文字的花饰，以及制作先后分为"下五星"、"上五星"及"上六星"三种版式。新币发行时因英文无纪念之意，五星花饰被移至上端以便英文重新排列，此版制额有限。"上六星"则为北伐军攻克南京后，修改旧模在民国十六年（1927年）发行以取代袁世凯像壹圆，数量庞大版别亦多。

$1 RC.3.1 无纪年（1912）袁世凯像开国纪念币　　　　　　　$1 RC.3.2 无纪年（1912）袁世凯像开国纪念币，红铜试样，鎏金

面值	编号	普品	极美	近未使用	未使用	面值	编号	普品	极美	近未使用	未使用
$1	RC.1.1		2万	4万	8万+	$1	RC.1.2				无定价
$1	RC.2		3万	6万	15万+	$1	RC.2				
$1	RC.3.1				无定价	$1	RC.3.2				无定价

$1 RC.3.3 无纪年（1912）袁世凯像开国纪念币，无叶脉

$1 RC.3.4 无纪年（1912）袁世凯像开国纪念币，无叶脉，黄铜试样

$1 RC.3.5 无纪年（1912）袁世凯像开国纪念币，无叶脉，单面试样

面值	编号	普品	极美	近未使用	未使用
$1	RC.3.3				无定价
$1	RC.3.4				无定价
$1	RC.3.5				无定价

$1 RC.4.1 无纪年（1912）黎元洪像开国纪念币，戴帽　　　　$1 RC.4.2 无纪年（1912）黎元洪像开国纪念币，戴帽，OE

黎元洪像开国纪念币

副总统黎元洪像开国纪念币设计同"下五星"，在武昌制作，于1912年（民国元年）秋发行，此版黎像戴军帽；因英文有误而重刻，新版肖像变更为无帽。泉界以"戴帽版"及"无帽版"、"光头版"称之，前者少且有错版。另有"无帽版"之开国纪念库平七钱二分，极罕见。

$1 RC.5 无纪年（1912）黎元洪像无帽，开国纪念七钱二分

$1 RC.6.1 无纪年（1912）黎元洪像开国纪念币，无帽　　　　$1 RC.6.2 无纪年（1912）黎元洪像戴帽无帽合面，镍

面值	编号	普品	极美	近未使用	未使用	面值	编号	普品	极美	近未使用	未使用
$1	RC.4.1		10万	20万	35万+	$1	RC.4.2		15万	25万	45万+
$1	RC.5				无定价						
$1	RC.6.1		5万	8万	15万+	$1	RC.6.2				无定价

$1 RC.7.1 无纪年（1914）袁像共和纪念币，L.GIORGI 大签字

天津造币厂意籍雕刻师签字版

袁世凯就任大总统后由天津造币厂意大利籍总技师乔奇雕刻戎装戴羽毛冠像之袁像"共和纪念币"壹圆银币，有"大签字"、"圆签字"两种签字版存世。

大签字　　　　　圆签字

$1 RC.7.2 无纪年（1914）袁像共和纪念币，L.GIORGI 圆签字

$1 RC.7.3 无纪年（1914）袁像共和纪念币，L.GIORGI 圆签字，金

$1 RC.7.4 无纪年（1914）袁像共和纪念币

$1 RC.7.5 无纪年（1914）袁像共和纪念币，金

面值	编号	普品	极美	近未使用	未使用	面值	编号	普品	极美	近未使用	未使用
$1	RC.7.1				无定价						
$1	RC.7.2			60万	120万+	$1	RC.7.3				无定价
$1	RC.7.4		5万	10万	20万+	$1	RC.7.5				无定价

$1 RC.7.6 无纪年（1914）袁像共和纪念币，光边未加模圈

$1 RC.7.7 无纪年（1914）袁像共和纪念币，红铜试样　　　　$1 RC.7.8 无纪年（1914）袁像共和纪念币，厚坯红铜试样

$1 RC.7.9 无纪年（1914）袁像共和纪念币，黄铜试样，光边　　$1 RC.7.10 无纪年（1914）袁像共和纪念币，冲天冠

面值	编号	普品	极美	近未使用	未使用	面值	编号	普品	极美	近未使用	未使用
$1	RC.7.6				无定价						
$1	RC.7.7				无定价	$1	RC.7.8				无定价
$1	RC.7.9				无定价	$1	RC.7.10		150万	200万+	

$1 RC.8.1 民国三年（1914）袁像七分脸　　　　　　　$1 RC.8.2 民国三年（1914）袁像七分脸，大嘉禾

$1 RC.8.3 民国三年（1914）袁像七分脸，L.GIORGI　　$1 RC.8.4 民国三年（1914）袁像七分脸，L.GIORGI，金

天津造币厂雕刻祖模

因1912年北京兵变遭焚毁的天津造币厂于1914年重建（称"东厂"），专造银币。袁像银圆即于此处雕刻祖模颁发各分厂生产，计有民国三年、民国八年、民国九年、民国十年四个年份，因在各分厂生产，故版别极多。上海中央造币厂建成后，天津银钱业界建议改津厂为分厂未成，"废两改元"后关闭。

$1 RC.9.1 民国三年（1914）袁像嘉禾，L.GIORGI 小签字，开芒

面值	编号	普品	极美	近未使用	未使用	面值	编号	普品	极美	近未使用	未使用
$1	RC.8.1			100万	150万+	$1	RC.8.2				无定价
$1	RC.8.3			60万	100万+	$1	RC.8.4				无定价
						$1	RC.9.1				200万+

$1 RC.9.2 民国三年（1914）袁像嘉禾，L.GIORGI 圆签字，开芒　　　　$1 RC.9.3 民国三年（1914）袁像嘉禾，L.GIORGI 圆签字，开芒，金

$1 RC.9.4 民国三年（1914）袁像嘉禾，L.GIORGI 圆签字

小签字　　　　大签字　　　　圆签字

开芒　　　　闭芒

$1 RC.9.5 民国三年（1914）袁像嘉禾，L.GIORGI 大签字　　　　$1 RC.9.6 民国三年（1914）袁像嘉禾，L.GIORGI 大签字，金

面值	编号	普品	极美	近未使用	未使用	面值	编号	普品	极美	近未使用	未使用
$1	RC.9.2				200万+	$1	RC.9.3				无定价
$1	RC.9.4				无定价						
$1	RC.9.5				250万+	$1	RC.9.6				无定价

$1 RC.9.7 民国三年（1914）袁像嘉禾，小嘉禾　　　　　　$1 RC.9.8 民国三年（1914）袁像嘉禾，精制

$1 RC.9.9 民国三年（1914）袁像嘉禾　　　　　　$1 RC.9.10 民国三年（1914）袁像嘉禾，金

$1 RC.9.11 民国三年（1914）袁像嘉禾，红铜试样，光边　　　　　　$1 RC.9.12 民国三年（1914）袁像嘉禾，T字边

面值	编号	普品	极美	近未使用	未使用	面值	编号	普品	极美	近未使用	未使用
$1	RC.9.7		1万	2万	4万+	$1	RC.9.8				10万+
$1	RC.9.9	1 200	2 500	5 000	1.5万+	$1	RC.9.10				无定价
$1	RC.9.11				无定价	$1	RC.9.12				无定价

光边　　　　T字边　　　　鹰洋边

$1 RC.9.13 民国三年（1914）袁像嘉禾，鹰洋边

$1 RC.9.14 民国三年（1914）袁像嘉禾，红铜试样，鹰洋边　　　$1 RC.9.15 民国三年（1914）袁像嘉禾，红铜鎏金，鹰洋边

$1 RC.9.16 民国三年（1914）袁像嘉禾，合背　　　$1 RC.9.17 民国三年（1914）袁像嘉禾，福建版

面值	编号	普品	极美	近未使用	未使用	面值	编号	普品	极美	近未使用	未使用
$1	RC.9.13		无定价								
$1	RC.9.14				无定价	$1	RC.9.15				无定价
$1	RC.9.16			无定价		$1	RC.9.17		1.2万	2.5万+	

$1 RC.9.18 民国三年（1914）袁像嘉禾，湖南版　　　　$1 RC.9.19 民国三年（1914）袁像嘉禾，山东大扣版

$1 RC.9.20 民国三年（1914）袁像嘉禾，新疆版　　　　$1 RC.9.21 民国三年（1914）袁像嘉禾，云南版

$1 RC.9.22 民国三年（1914）袁像嘉禾，曲笔民　　　　$1 RC.9.23 民国三年（1914）袁像嘉禾，甘肃版

面值	编号	普品	极美	近未使用	未使用	面值	编号	普品	极美	近未使用	未使用
$1	RC.9.18			1.5万	3万	6万+	$1	RC.9.19		1万	2万	4万+
$1	RC.9.20	2 500	5 000	1万	2.5万+	$1	RC.9.21	2 000	4 000	8 000	2万+
$1	RC.9.22	5 000	1万	2万	4万+	$1	RC.9.23	1 800	3 500	7 500	1.8万+

$1 RC.9.24 民国三年（1914）袁像嘉禾，O 版　　　　　$1 RC.9.25 民国三年（1914）袁像嘉禾，O 版无 O

$1 RC.9.26 民国三年（1914）袁像嘉禾，三角圆 O 版　　$1 RC.9.27 民国三年（1914）袁像嘉禾，O 版三角圆

$1 RC.9.28 民国三年（1914）袁像嘉禾，三角圆　　　　$1 RC.9.29 民国三年（1914）袁像嘉禾，三年配八年背

面值	编号	普品	极美	近未使用	未使用	面值	编号	普品	极美	近未使用	未使用
$1	RC.9.24	3 000	6 000	1.2 万	3 万 +	$1	RC.9.25			1 万	2 万	4 万 +
$1	RC.9.26	1 500	3 000	6 000	1.8 万 +	$1	RC.9.27	4 000	8 000	1.6 万	4 万 +
$1	RC.9.28	1 200	2 500	5 000	1.5 万 +	$1	RC.9.29			1 万	2 万

$1 RC.10.1 无纪年（1916）袁像洪宪飞龙　　　　　　　$1 RC.10.2 无纪年（1916）袁像洪宪飞龙，金

$1 RC.10.3 无纪年（1916）袁像洪宪飞龙，光边　　　　$1 RC.10.4 无纪年（1916）袁像洪宪飞龙，红铜试样，鎏金

$1 RC.10.5 无纪年（1916）袁像洪宪飞龙，L.GIORGI　　$1 RC.10.6 无纪年（1916）袁像洪宪飞龙，L.GIORGI，金

面值	编号	普品	极美	近未使用	未使用	面值	编号	普品	极美	近未使用	未使用
$1	RC.10.1		10万	20万	30万+	$1	RC.10.2			40万	80万+
$1	RC.10.3				无定价	$1	RC.10.4				无定价
$1	RC.10.5			150万	300万+	$1	RC.10.6				无定价

$1 RC.10.7 无纪年（1916）袁像洪宪飞龙，冲天冠

$1 RC.10.8 无纪年（1916）袁像洪宪飞龙，美国版异面　　　　$1 RC.10.9 无纪年（1916）袁像洪宪飞龙，美国版异面，金

冲天冠　　标准版　　异面

$1 RC.10.10 无纪年（1916）袁像洪宪飞龙，美国版异面，弯笔中，金

面值	编号	普品	极美	近未使用	未使用	面值	编号	普品	极美	近未使用	未使用
$1	RC.10.7			80万	120万+	$1	RC.10.9				无定价
$1	RC.10.8				无定价						
$1	RC.10.10				无定价						

$1 RC.11.1 民国八年（1919）袁像嘉禾　　　　$1 RC.11.2 民国八年（1919）袁像嘉禾，竖点年

$1 RC.11.3 民国八年（1919）袁像嘉禾，英国伯明翰厂样币　　$1 RC.12.1 民国九年（1920）袁像嘉禾

$1 RC.12.2 民国九年（1920）袁像嘉禾，合面　　$1 RC.12.3 民国九年（1920）袁像嘉禾，红铜合面

面值	编号	普品	极美	近未使用	未使用	面值	编号	普品	极美	近未使用	未使用
$1	RC.11.1	3 000	5 000	1 万	3 万 +	$1	RC.11.2	1 万	3 万	6 万	8 万 +
$1	RC.11.3				无定价	$1	RC.12.1	1 500	3 000	5 000	1.5 万 +
$1	RC.12.2			无定价		$1	RC.12.3				无定价

$1 RC.12.4 民国九年（1920）袁像嘉禾，精发小嘉禾　　　　$1 RC.12.5 民国九年（1920）袁像嘉禾，精发小嘉禾，红铜试样

$1 RC.12.6 民国九年（1920）袁像嘉禾，精发大嘉禾　　　　$1 RC.12.7 民国九年（1920）袁像嘉禾，大嘉禾，金

$1 RC.12.8 民国九年（1920）袁像嘉禾，海南版　　　　$1 RC.12.9 民国九年（1920）袁像嘉禾，海南版，金

面值	编号	普品	极美	近未使用	未使用	面值	编号	普品	极美	近未使用	未使用
$1	RC.12.4	2 000	4 000	8 000	2万+	$1	RC.12.5				无定价
$1	RC.12.6	1 800	3 500	7 000	1.5万+	$1	RC.12.7				无定价
$1	RC.12.8	1 800	3 500	7 000	1.2万+	$1	RC.12.9				无定价

$1 RC.13.1 民国十年（1921）袁像嘉禾

$1 RC.13.2 民国十年（1921）袁像嘉禾，竖点年

$1 RC.13.3 民国十年（1921）袁像嘉禾，双肩章

$1 RC.13.4 民国十年（1921）袁像嘉禾，十年配八年背

$1 RC.13.5 民国十年（1921）袁像嘉禾，九年像

面值	编号	普品	极美	近未使用	未使用	面值	编号	普品	极美	近未使用	未使用
$1	RC.13.1	1 200	2 500	5 000	1.5万+						
$1	RC.13.2		1.5万	2.5万	6万+	$1	RC.13.3		1万	2万	4万+
$1	RC.13.4	2 000	4 000	6 000	1.8万+	$1	RC.13.5		5 000	1万	2.5万+

$1 RC.14.1 民国十年（1921）徐世昌像，纪念币　　　　　　　　$1 RC.14.2 民国十年（1921）徐世昌像，纪念币，金

$1 RC.14.3 民国十年（1921）徐世昌像，无字，光边　　　　　　$1 RC.14.4 民国十年（1921）徐世昌像，无字，光边，金

$1 RC.14.5 民国十年（1921）徐世昌像，无字

北洋政府时期的系列人像币章

袁世凯称帝失败后不久病逝，北洋政府后继的执政者或大军阀陆续发行以自己肖像为图案的一圆型币章，依序计有民国十年（1921年）徐世昌像"仁寿同登"纪念银币章、曹锟像"纪念"及"宪法成立纪念"银章（1923年）、段祺瑞像"和平"纪念币（1924年）、褚玉璞像"中华民国十六年四月七日周年纪念"银章及民国十五年、民国十六年、民国十七年张作霖纪念币，其中以张作霖纪念币最罕见，为民国人像币大珍。

面值	编号	普品	极美	近未使用	未使用	面值	编号	普品	极美	近未使用	未使用
$1	RC.14.1		15万	25万	40万+	$1	RC.14.2			80万	150万+
$1	RC.14.3		20万	35万	60万+	$1	RC.14.4				无定价
$1	RC.14.5		25万	40万	70万+						

$1 RC.15.1 民国十二年（1923）龙凤，大壹圆　　　　　　　$1 RC.15.2 民国十二年（1923）龙凤，大壹圆，金

$1 RC.15.3 民国十二年（1923）龙凤，小壹圆　　　　　　　$1 RC.15.4 民国十二年（1923）龙凤，小壹圆，金

北洋政府未发行的龙凤黼黻银圆

北洋政府时期，曾筹备以当时国徽龙凤黼黻图替代袁世凯肖像的"民国十二年"版新国币，俗称"龙凤银圆"，但没有正式发行。其以背面壹圆书法分为大字、小字两版，前者稀少；贰角及壹角则于1926年（民国十五年）发行，数量颇多。

$1 RC.15.5 民国十二年（1923）龙凤，正面试样，铅（非原大）

面值	编号	普品	极美	近未使用	未使用	面值	编号	普品	极美	近未使用	未使用
$1	RC.15.1				60万+	$1	RC.15.2				无定价
$1	RC.15.3			25万	40万+	$1	RC.15.4				130万+
$1	RC.15.5				无定价						

$1 RC.16.1 无纪年（1923）曹锟文装像　　　　　$1 RC.16.2 无纪年（1923）曹锟文装像，金

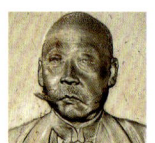　

文装像　　戎装像

$1 RC.16.3 无纪年（1923）曹锟文装像，红铜试样，光边

$1 RC.16.4 无纪年（1923）曹锟戎装像　　　　　$1 RC.16.5 无纪年（1923）曹锟戎装像，金

面值	编号	普品	极美	近未使用	未使用	面值	编号	普品	极美	近未使用	未使用
$1	RC.16.1			12万	30万+	$1	RC.16.2				100万+
$1	RC.16.3				无定价						
$1	RC.16.4			15万	40万+	$1	RC.16.5				80万+

$1 RC.17.1 无纪年（1924）段祺瑞像和平纪念币　　　　　$1 RC.17.2 无纪年（1924）段祺瑞像和平纪念币，金

$1 RC.17.3 无纪年（1924）段祺瑞像和平纪念币，红铜试样

$1 RC.18 民国十五年（1926）孙中山像

面值	编号	普品	极美	近未使用	未使用	面值	编号	普品	极美	近未使用	未使用
$1	RC.17.1		6万	12万	25万+	$1	RC.17.2				120万+
$1	RC.17.3			无定价							
$1	RC.18			无定价	无定价						

$1 RC.19.1 民国十五年（1926）张作霖像嘉禾

$1 RC.19.2 民国十五年（1926）张作霖像嘉禾，黄铜试样

$1 RC.20.1 民国十六年（1927）张作霖像黼黻　　　　　　$1 RC.20.2 无纪年（1927）张作霖像黼黻，混配

面值	编号	普品	极美	近未使用	未使用	面值	编号	普品	极美	近未使用	未使用
$1	RC.19.1				无定价						
$1	RC.19.2				无定价						
$1	RC.20.1				无定价	$1	RC.20.2				无定价

$1 RC.21.1 民国十六年（1927）褚玉璞像　　　　　　　　$1 RC.21.2 民国十六年（1927）褚玉璞像，金

$1 RC.22.1 民国十六年（1927）孙像中山陵，细齿边，奥地利版　　　　　　$1 RC.22.2 民国十六年（1927）孙像中山陵

$1 RC.23.1 无纪年（1927）孙中山像开国纪念币，六角星　　　　$1 RC.23.2 无纪年（1927）孙中山像开国纪念币，六角星，红铜试样

面值	编号	普品	极美	近未使用	未使用	面值	编号	普品	极美	近未使用	未使用
$1	RC.21.1			150万	250万+	$1	RC.21.2				无定价
$1	RC.22.1				无定价	$1	RC.22.2			30万	60万+
$1	RC.23.1	800	1 200	2 000	4 000+	$1	RC.23.2			8万	20万+

$1 RC.23.3 无纪年（1927）孙中山像开国纪念币，青铜试样　　　　$1 RC.23.4 无纪年（1927）孙中山像开国纪念币，合面

$1 RC.23.5 无纪年（1927）孙中山像开国纪念币，六角星，右三草　　　$1 RC.23.6 无纪年（1927）孙中山像开国纪念币，六角星，左右三草

$1 RC.23.7 无纪年（1927）孙中山像开国纪念币，六角星，海南版　　　$1 RC.23.8 无纪年（1927）孙中山像开国纪念币，六角星，金

面值	编号	普品	极美	近未使用	未使用	面值	编号	普品	极美	近未使用	未使用
$1	RC.23.3			10万	25万+	$1	RC.23.4			无定价	
$1	RC.23.5	1 200	2 500	5 000	1.2万+	$1	RC.23.6	1 500	3 000	6 000	1.2万+
$1	RC.23.7	1 000	2 000	4 000	8 000+	$1	RC.23.8				无定价

$1 RC.23.9 无纪年（1927）孙中山像开国纪念币，六角星，湖南版　　　　$1 RC.23.10 无纪年（1927）孙中山像开国纪念币，六角星，各类错英文军阀版

$1 RC.24.1 民国十七年（1928）张作霖像

北洋政府人像币的终曲

张作霖先后担任奉天督军、东三省巡阅使等，号称"东北王"，成为北洋军奉系首领。第二次直奉战争胜利后，张作霖打进北京，任陆海军大元帅，代表北洋政府行使统治权。1928年，南京政府国民革命军攻克北京，致使北洋奉系军阀张作霖撤往东北途中被日本刺杀于皇姑屯，其子张学良宣布东北易帜。至此北伐完成，中国实现了形式上的统一。

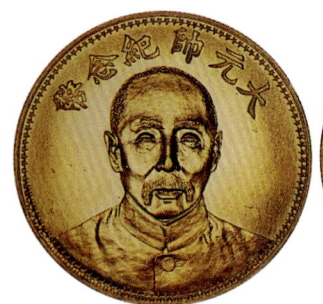 

$1 RC.24.2 民国十七年（1928）张作霖像，金

面值	编号	普品	极美	近未使用	未使用	面值	编号	普品	极美	近未使用	未使用
$1	RC.23.9	2 500	5 000	1万	2万+	$1	RC.23.10	3 000	6 000	1.2万	2.5万+
$1	RC.24.1				500万+						
$1	RC.24.2				无定价						

$1 RC.25.1 无纪年（约 1929）孙中山像嘉禾背，镍合金试样

$1 RC.25.2 无纪年（约 1929）孙中山像开国背，包银试样　　　　　$1 RC.25.3 无纪年（约 1929）孙中山像开国背，红铜试样

$1 RC.26 无纪年（约 1929）孙中山像，单面，青铜试样

面值	编号	普品	极美	近未使用	未使用	面值	编号	普品	极美	近未使用	未使用
$1	RC.25.1				无定价						
$1	RC.25.2				无定价	$1	RC.25.3				无定价
$1	RC.26				无定价						

$1 RC.27.1 民国十八年（1929）孙像地球　　　　　　　　$1 RC.27.2 民国十八年（1929）孙像嘉禾

北伐后筹划的孙中山像新国币

1929年南京国民政府委托美、英、意、奥及日本五国造币厂设计比稿之正面为孙中山像、背面为帆船图案的"十八年三帆"币，这些银圆均仅试制了少许样品而没有正式投入生产，因南京造币厂失火焚毁，"十八年三帆"币的试制在杭州造币厂进行。北伐后，天津造币厂亦曾以孙中山肖像试制"民国十八年"版壹圆及贰角新国币，均未发行，极珍稀。

$1 RC.28.1 民国十八年（1929）孙像三帆，A.Motti 签字，意大利版

$1 RC.28.2 民国十八年（1929）孙像三帆，A.Motti 签字，雾面，意大利版

A. MOTTI. INC.

面值	编号	普品	极美	近未使用	未使用	面值	编号	普品	极美	近未使用	未使用
$1	RC.27.1				无定价	$1	RC.27.2				无定价
$1	RC.28.1				200万+						
$1	RC.28.2				无定价						

$1 RC.28.3 民国十八年（1929）孙像三帆，意大利版　　　$1 RC.28.4 民国十八年（1929）孙像三帆，日本版

$1 RC.28.5 民国十八年（1929）孙像三帆，英国版　　　$1 RC.28.6 民国十八年（1929）孙像三帆，英国版，雾面

$1 RC.28.7 民国十八年（1929）孙像三帆，英国版试样（面）　　　$1 RC.28.8 民国十八年（1929）孙像三帆，英国版试样（背）

面值	编号	普品	极美	近未使用	未使用	面值	编号	普品	极美	近未使用	未使用
$1	RC.28.3			30万	60万+	$1	RC.28.4			30万	60万+
$1	RC.28.5			30万	60万+	$1	RC.28.6				无定价
$1	RC.28.7				无定价	$1	RC.28.8				无定价

$1 RC.28.9 民国十八年（1929）孙像三帆，正面像，奥地利版

$1 RC.28.10 民国十八年（1929）孙像三帆，侧面像，加厚细齿，奥地利版　　　　$1 RC.28.11 民国十八年（1929）孙像三帆，侧面像，细齿，奥地利版

$1 RC.28.12 民国十八年（1929）孙像三帆，侧面像，奥地利版　　　　$1 RC.28.13 民国十八年（1929）孙像三帆，美国版

面值	编号	普品	极美	近未使用	未使用	面值	编号	普品	极美	近未使用	未使用
$1	RC.28.9				无定价						
$1	RC.28.10				无定价	$1	RC.28.11				无定价
$1	RC.28.12			25万	50万+	$1	RC.28.13			30万	60万+

金本位孙中山像银圆

1930年上海中央造币厂建成后,率先进行了金本位制样币的筹备,以意大利版为蓝本,委托美国费城造币厂雕刻全套币模,尔后依据《银本位币制造条例》及"废两改元"政策全力生产孙中山像以及帆船为图案的新国币。

$1 RC.29.1 民国二十一年(1932)孙像金本位,光边

$1 RC.29.2 民国二十一年(1932)孙像金本位,光边,青铜试样　　　　$1 RC.29.3 民国二十一年(1932)孙像金本位,光边,红铜试样

$1 RC.29.4 民国二十一年(1932)孙像金本位,齿边　　　　$1 RC.29.5 民国二十一年(1932)孙像金本位,齿边,红铜试样

面值	编号	普品	极美	近未使用	未使用	面值	编号	普品	极美	近未使用	未使用
$1	RC.29.1				无定价						
$1	RC.29.2				180万+	$1	RC.29.3				150万+
$1	RC.29.4				500万+	$1	RC.29.5				120万+

$1 RC.29.6 民国二十一年（1932）孙像金本位，雾面，齿边　　　　$1 RC.29.7 民国二十一年（1932）孙像金本位，滚花边

$1 RC.29.8 民国二十一年（1932）孙像金本位，滚字边　　　　$1 RC.29.9 民国二十一年（1932）孙像金本位，滚字边，红铜试样

$1 RC.29.10 民国二十一年（1932）孙像金本位，去字试样

孙中山像帆船银圆正式发行

孙中山像帆船图案新国币，正式发行的年份计有民国二十一年、民国二十二年、民国二十三年。其中"民国二十一年"版原有日出与三鸟图案，因被附会为日军压境、敌机临空，而予去除并改年份重新发行，未及发行的库存销毁。

面值	编号	普品	极美	近未使用	未使用	面值	编号	普品	极美	近未使用	未使用
$1	RC.29.6				无定价	$1	RC.29.7				无定价
$1	RC.29.8				无定价	$1	RC.29.9				无定价
$1	RC.29.10				无定价						

$1 RC.30.1 民国二十一年（1932）孙像帆船，上三鸟　　　　$1 RC.30.2 民国二十一年（1932）孙像帆船，上三鸟，红铜试样

$1 RC.30.3 民国二十一年（1932）孙像帆船，上三鸟，滚字边　　　　$1 RC.30.4 民国二十一年（1932）孙像帆船，新设计背，红铜试样

$1 RC.31.1 民国二十二年（1933）孙像帆船　　　　$1 RC.31.2 民国二十二年（1933）孙像帆船，红铜试样

面值	编号	普品	极美	近未使用	未使用	面值	编号	普品	极美	近未使用	未使用
$1	RC.30.1			8万	15万+	$1	RC.30.2			20万	40万+
$1	RC.30.3				无定价	$1	RC.30.4				无定价
$1	RC.31.1	2 000	4 000	8 000	2万+	$1	RC.31.2				25万+

$1 RC.32.1 民国二十三年（1934）孙像帆船　　　　　　　$1 RC.32.2 民国二十三年（1934）孙像帆船，红铜试样

$1 RC.32.3 民国二十三年（1934）孙像帆船，红铜试样（面）　　$1 RC.32.4 民国二十三年（1934）孙像帆船，红铜试样（背）

$1 RC.32.5 无纪年（约1934）单面背，加布图戳记，红铜试样　　$1 RC.32.6 无纪年（约1934）单面背，去字，红铜试样

面值	编号	普品	极美	近未使用	未使用	面值	编号	普品	极美	近未使用	未使用
$1	RC.32.1	1 200	1 500	1 800	3 000+	$1	RC.32.2				20万+
$1	RC.32.3			3万	5万+	$1	RC.32.4			3万	5万+
$1	RC.32.5			6万		$1	RC.32.6			6万	

$1 RC.32.7 民国二十三年（1934）孙像帆船，六绳版　　　$1 RC.32.8 民国二十三年（1934）孙像帆船，混二十二年面

二十二年船　　二十三年船　　六绳

$1 RC.33.1 民国二十四年（1935）孙像帆船

$1 RC.33.2 民国二十四年（1935）孙像帆船，小型，青铜试样　　　$1 RC.33.3 民国二十四年（1935）孙像帆船，小型单面，青铜试样

面值	编号	普品	极美	近未使用	未使用	面值	编号	普品	极美	近未使用	未使用
$1	RC.32.7			2万	4万+	$1	RC.32.8	2 500	5 000	1万	2.5万+
						$1	RC.33.1				无定价
$1	RC.33.2				无定价	$1	RC.33.3				无定价

$1 RC.34.1 民国二十五年（1936）孙像帆船，大字壹圆

缩减尺寸的孙像银圆

距离孙像新国币正式量产仅过了三年，1935年，以信用纸币取代银圆的法币政策推出，银圆停造。先前的金本位制样币及后来的"二十四年"版、小型化"二十四年"版、"二十五年"版与"二十六年"版孙像帆船银圆等皆成为罕见品。其中，"二十五年"版孙像帆船银圆尚有凹槽边者存世，极罕见。

$1 RC.34.2 民国二十五年（1936）孙像帆船，大字壹圆，红铜试样

$1 RC.34.3 民国二十五年（1936）孙像帆船，小字壹圆 $1 RC.34.4 民国二十五年（1936）孙像帆船，小字壹圆，凹槽边

面值	编号	普品	极美	近未使用	未使用	面值	编号	普品	极美	近未使用	未使用
$1	RC.34.1				无定价						
$1	RC.34.2				无定价						
$1	RC.34.3				无定价	$1	RC.34.4				无定价

$1 RC.35.1 民国二十五年（1936）孙像布图　　　　　　$1 RC.35.2 民国二十五年（1936）孙像布图，镍试样

$1 RC.35.3 民国二十五年（1936）孙像布图，红铜试样　　　$1 RC.35.4 民国二十五年（1936）孙像布图，青铜试样

$1 RC.35.5 民国二十五年（1936）孙像布图，小型

面值	编号	普品	极美	近未使用	未使用	面值	编号	普品	极美	近未使用	未使用
$1	RC.35.1				无定价	$1	RC.35.2				无定价
$1	RC.35.3				无定价	$1	RC.35.4				无定价
$1	RC.35.5				无定价						

$1 RC.36.1 民国二十五年（1936）宪政正面像，红铜试样　　　$1 RC.36.2 民国二十五年（1936）宪政七分脸，红铜试样

$1 RC.36.3 民国二十五年（1936）蒋像戴帽　　　$1 RC.36.4 民国二十五年（1936）蒋像戴帽，红铜试样

$1 RC.37 民国二十六年（1937）孙像布图

面值	编号	普品	极美	近未使用	未使用	面值	编号	普品	极美	近未使用	未使用
$1	RC.36.1				无定价	$1	RC.36.2				无定价
$1	RC.36.3				无定价	$1	RC.36.4				无定价
$1	RC.37				无定价						

中圆、半圆、伍拾分（五角，50C）

50C RC.1.1 民国三年（1914）袁像嘉禾，L.GIORGI　　　　　50C RC.1.2 民国三年（1914）袁像嘉禾

50C RC.1.3 民国三年（1914）袁像嘉禾，合面　　　　　50C RC.1.4 民国三年（1914）袁像嘉禾，合背

50C RC.1.5 民国三年（1914）袁像嘉禾，福建版

50C RC.2.1 民国十八年（1929）孙像三帆，半元　　　　　50C RC.2.2 民国十八年（1929）孙像三帆，国币伍拾分，镍合金

面值	编号	普品	极美	近未使用	未使用	面值	编号	普品	极美	近未使用	未使用
50C	RC.1.1			30万	60万+	50C	RC.1.2	5 000	8 000	1.5万	3万+
50C	RC.1.3			无定价		50C	RC.1.4			无定价	
50C	RC.1.5		1.5万	3万	6万+						
50C	RC.2.1				无定价	50C	RC.2.2				无定价

50C RC.3.1 民国二十一年（1932）孙像金本位　　　　　50C RC.3.2 民国二十一年（1932）孙像金本位，光边

50C RC.4.1（约1935）二十一年改字设计样，半圆，阳雕　　　50C RC.4.2（约1935）二十一年改字设计样，中圆，阴刻

50C RC.4.3（约1935）二十一年改字设计样，中圆，阴刻　　　50C RC.5.1 民国二十四年（1935）孙像帆船

50C RC.5.2 民国二十四年（1935）孙像帆船，红铜试样　　　50C RC.6.1 民国二十五年（1936）孙像帆船，凹槽边

面值	编号	普品	极美	近未使用	未使用	面值	编号	普品	极美	近未使用	未使用
50C	RC.3.1				300万+	50C	RC.3.2				无定价
50C	RC.4.1			无定价		50C	RC.4.2				无定价
50C	RC.4.3			无定价		50C	RC.5.1				
50C	RC.5.2				无定价	50C	RC.6.1				无定价

50C RC.6.2 民国二十五年（1936）孙像帆船　　　　　　50C RC.6.3 民国二十五年（1936）孙像帆船，红铜试样

50C RC.7.1 民国二十五年（1936）孙像布图　　　　　　50C RC.7.2 民国二十五年（1936）孙像布图，薄坯

50C RC.7.3 民国二十五年（1936）孙像布图，铜镀银试样　　50C RC.7.4 民国二十五年（1936）孙像布图，薄坯，铜镀银试样

50C RC.7.5 民国二十五年（1936）孙像布图，红铜试样　　50C RC.8 民国二十六年（1937）孙像布图

面值	编号	普品	极美	近未使用	未使用	面值	编号	普品	极美	近未使用	未使用
50C	RC.6.2				150万+	50C	RC.6.3				无定价
50C	RC.7.1				120万+	50C	RC.7.2				200万+
50C	RC.7.3				无定价	50C	RC.7.4				无定价
50C	RC.7.5				无定价	50C	RC.8				80万+

半圆镍币（五角，50C）

50C RC.9.1 民国三十年（1941）蒋像布图

50C RC.9.2 民国三十年（1941）蒋像布图，红铜试样

50C RC.10.1 民国三十年（1941）孙像布图，上海版

中央造币厂内迁，镍币改材质

1937年抗战全面爆发，中央造币厂内迁，先后在武昌、成都、兰州、桂林、昆明等地设分厂生产。1940年起，因法币贬值，作为银币辅币的镍币，其材质由纯镍改为铜镍锌合金，亦称镍合金，用以制造"民国二十九年"版孙像十分、五分；1941年另增加半圆面额一种。1943年底，币材价格再次超过面值，硬币的生产完全停止。

50C RC.10.2 民国三十年（1941）孙像布图，成都版

50C RC.10.3 民国三十年（1941）孙像布图，成都版流通币

50C RC.11.1 民国三十一年（1942）孙像布图，桂，精制

50C RC.11.2 民国三十一年（1942）孙像布图，桂

面值	编号	普品	极美	近未使用	未使用	面值	编号	普品	极美	近未使用	未使用
50C	RC.9.1			无定价		50C	RC.9.2			无定价	
50C	RC.10.1			3万	6万+						
50C	RC.10.2			无定价		50C	RC.10.3	5 000	1万	1.5万	3万+
50C	RC.11.1			无定价		50C	RC.11.2		10万	15万+	

50C RC.11.3 民国三十一年（1942）孙像布图　　　　　　　50C RC.11.4 民国三十一年（1942）孙像布图，金

50C RC.11.5 民国三十一年（1942）孙像布图，银　　　　　50C RC.11.6 民国三十一年（1942）孙像布图，红铜试样

50C RC.11.7 民国三十一年（1942）孙像布图，黄铜试样　　50C RC.11.8 民国三十一年（1942）孙像合面

50C RC.12.1 民国三十二年（1943）孙像布图，桂　　　　　50C RC.12.2 民国三十二年（1943）孙像布图

面值	编号	普品	极美	近未使用	未使用	面值	编号	普品	极美	近未使用	未使用
50C	RC.11.3	50	100	200	400+	50C	RC.11.4				无定价
50C	RC.11.5				无定价	50C	RC.11.6				15万+
50C	RC.11.7				10万+	50C	RC.11.8				无定价
50C	RC.12.1			无定价		50C	RC.12.2	80	200	400	1 000+

50C RC.12.3 民国三十二年（1943）孙像布图，金　　　　　50C RC.12.4 民国三十二年（1943）孙像布图，银

50C RC.12.5 民国三十二年（1943）孙像布图，红铜试样　　50C RC.12.6 民国三十二年（1943）孙像布图，黄铜试样

50C RC.12.7 民国三十二年（1943）孙像布图，铝试样　　　50C RC.12.8 民国三十二、三十一年（1943），孙像合面，银

50C RC.12.9 民国三十二、三十一年（1943），孙像合面，红铜　50C RC.12.10 民国三十二、三十一年（1943），孙像合面，黄铜

面值	编号	普品	极美	近未使用	未使用	面值	编号	普品	极美	近未使用	未使用
50C	RC.12.3				无定价	50C	RC.12.4				无定价
50C	RC.12.5				10万+	50C	RC.12.6				10万+
50C	RC.12.7			10万+		50C	RC.12.8				15万+
50C	RC.12.9				12万+	50C	RC.12.10				12万+

50C RC.12.11 无纪年（约 1943）布图合背　　　　　　50C RC.12.12 无纪年（约 1943）布图合背，银

50C RC.12.13 无纪年（约 1943）布图合背，红铜　　　50C RC.12.14 无纪年（约 1943）布图合背，黄铜

伍角 （五角，50C）

50C RC.13.1 民国三十七年（1948）蒋像三星领章，单面样　　50C RC.13.2 民国三十七年（1948）蒋像嘉禾

50C RC.13.3 民国三十七年（1948）蒋像嘉禾，红铜试样　　50C RC.13.4 民国三十七年（1948）蒋像嘉禾，光边，红铜试样

面值	编号	普品	极美	近未使用	未使用	面值	编号	普品	极美	近未使用	未使用
50C	RC.12.11				8万+	50C	RC.12.12				8万+
50C	RC.12.13				8万+	50C	RC.12.14				8万+
50C	RC.13.1				无定价	50C	RC.13.2				无定价
50C	RC.13.3				无定价	50C	RC.13.4				无定价

贰角、贰拾分、贰毫（二角，20C）

20C RC.1.1 无纪年（1912）孙中山像开国纪念币

20C RC.1.2 无纪年（1912）孙中山像开国纪念币，金

20C RC.2.1 民国三年（1914）袁像嘉禾，L.G

20C RC.2.2 民国三年（1914）袁像嘉禾

20C RC.2.3 民国三年（1914）袁像合面，金

20C RC.2.4 民国三年（1914）袁像嘉禾，福建版

20C RC.2.5 民国三年（1914）袁像嘉禾，猴面版

20C RC.2.6 民国三年（1914）袁像嘉禾，猴面版，红铜试样

面值	编号	普品	极美	近未使用	未使用	面值	编号	普品	极美	近未使用	未使用
20C	RC.1.1	3 000	6 000	1.2万	2万+	20C	RC.1.2			15万	30万+
20C	RC.2.1			40万	80万+	20C	RC.2.2	200	500	1 500	3 000+
20C	RC.2.3				无定价	20C	RC.2.4	250	600	2 000	5 000+
20C	RC.2.5	2 000	4 000	1万	3万+	20C	RC.2.6				无定价

20C R.2.7 民国三年（1914）袁像嘉禾，九改三

20C RC.3.1 民国五年（1916）袁像嘉禾

20C RC.3.2 民国五年（1916）袁像嘉禾，角上点

20C RC.3.3 民国五年（1916）袁像嘉禾，长脸

20C RC.4 民国九年（1920）袁像嘉禾

20C RC.5.1 民国十五年（1926）龙凤黼黻

20C RC.5.2 民国十五年（1926）龙凤黼黻，红铜试样

面值	编号	普品	极美	近未使用	未使用
20C	RC.2.7		10万	15万	20万+
20C	RC.3.2	300	600	1 200	6 000+
20C	RC.4	1万	3万	6万	12万+
20C	RC.5.1	3 000	6 000	1.2万	2.5万+

面值	编号	普品	极美	近未使用	未使用
20C	RC.3.1	300	600	1 200	6 000+
20C	RC.3.3	1 000	2 000	4 000	1.5万+
20C	RC.5.2				无定价

20C RC.5.2 民国十五年（1926）龙凤黼黻，金

20C RC.6 民国十八年（1929）孙像嘉禾

20C RC.7.1 民国十八年（1929）孙像三帆，贰角   20C RC.7.2 民国十八年（1929），孙像三帆，国币贰拾分，镍合金

20C RC.8 民国二十一年（1932）孙像金本位，镍试样

面值	编号	普品	极美	近未使用	未使用	面值	编号	普品	极美	近未使用	未使用
20C	RC.5.2				无定价						
20C	RC.6				无定价						
20C	RC.7.1				无定价	20C	RC.7.2				无定价
20C	RC.8				无定价						

廿分镍币（二角，20C）

孙中山像布图镍币的诞生

1933年改行银本位币制后，曾先行制作了孙像布图"二十四年"版廿分、拾分、伍分镍辅币样币，发行时改为"二十五年"版，因需求量大，除上海中央造币厂生产外，亦委托奥地利维也纳造币厂制作一批，后者在布图下方加A以示区别，材质皆为纯镍。

20C RC.9 民国二十四年（1935），孙像布图

20C RC.10.1 民国二十五年（1936），孙像布图，无A，奥地利版

20C RC.10.2 民国二十五年（1936）孙像布图，A，奥地利版，精制

20C RC.10.3 民国二十五年（1936）孙像布图，A，奥地利版

20C RC.10.4 民国二十五年（1936）孙像布图，A，奥地利版，红铜试样

20C RC.10.5 民国二十五年（1936）孙像布图

20C RC.10.6 民国二十五年（1936）孙像布图，青铜试样

面值	编号	普品	极美	近未使用	未使用	面值	编号	普品	极美	近未使用	未使用
20C	RC.9			6万	12万+						
20C	RC.10.1				无定价	20C	RC.10.2				2万+
20C	RC.10.3	50	100	200	400+	20C	RC.10.4				无定价
20C	RC.10.5	20	40	80	200+	20C	RC.10.6				无定价

20C RC.10.7 民国二十五年（1936）孙像布图，红铜试样　　　　20C RC.10.8 民国二十五年（1936）孙像布图，铝试样

20C RC.10.9 民国二十五年（1936）孙像布图，镍合金试样　　20C RC.11 民国二十六年（1937）孙像布图

20C RC.12.1 民国二十七年（1938）孙像布图　　　　　　　　20C RC.12.2 民国二十七年（1938）孙像布图，红铜试样

20C RC.12.3 民国二十七年（1938）孙像布图，红铜镀镍试样　20C RC.12.4 民国二十七年（1938）孙像布图，双色试样

面值	编号	普品	极美	近未使用	未使用	面值	编号	普品	极美	近未使用	未使用
20C	RC.10.7				12万+	20C	RC.10.8				15万+
20C	RC.10.9				20万+	20C	RC.11				20万+
20C	RC.12.1	20	40	80	200+	20C	RC.12.2				8万+
20C	RC.12.3				4万+	20C	RC.12.4				无定价

20C RC.13.1 民国二十八年（1939）孙像布图，弯头八　　　　20C RC.13.2 民国二十八年（1939）孙像布图，红铜试样

20C RC.13.3 民国二十八年（1939）孙像布图，红铜试样，齿边　　20C RC.13.4 民国二十八年（1939）孙像布图，直头八

20C RC.14.1 民国三十年（1941）孙像布图　　　　　　　　20C RC.14.2 民国三十年（1941）孙像布图，红铜试样

20C RC.14.3 民国三十年（1941）孙像布图，黄铜试样　　　　20C RC.14.4 民国三十年（1941）孙像布图，银试样

面值	编号	普品	极美	近未使用	未使用	面值	编号	普品	极美	近未使用	未使用
20C	RC.13.1	20	40	100	300+	20C	RC.13.2				无定价
20C	RC.13.3				无定价	20C	RC.13.4	500	1 000	2 000	4 000+
20C	RC.14.1				无定价	20C	RC.14.2				无定价
20C	RC.14.3				无定价	20C	RC.14.4				无定价

20C RC.15.1 民国三十一年（1942）孙像布图　　　　20C RC.15.2 民国三十一年（1942）孙像布图，红铜试样

20C RC.15.3 民国三十一年（1942）孙像布图，铝试样

20C RC.15.4 无纪年（约 1942）布图合背　　　　　　20C RC.15.5 无纪年（约 1942）布图合背，红铜

20C RC.15.6 无纪年（约 1942）布图合背，黄铜

面值	编号	普品	极美	近未使用	未使用	面值	编号	普品	极美	近未使用	未使用
20C	RC.15.1	40	80	150	300+	20C	RC.15.2				8万+
20C	RC.15.3				无定价						
20C	RC.15.4			5万		20C	RC.15.5			5万	
20C	RC.15.6			5万							

弍角、壹角、拾分、壹毫（一角，10C）

民国银毫珍品之弍角孙中山像开国纪念币
孙像开国纪念币弍角面值者非常罕见，为民国银毫珍品。二角型无面值孙像开国纪念币制额甚低，未发行流通。

10C RC.1 无纪年（1912）孙像开国纪念币

10C RC.2.1 民国三年（1914）袁像嘉禾，L.G   10C RC.2.2 民国三年（1914）袁像嘉禾

10C RC.2.3 民国三年（1914）袁像嘉禾，镍试样，光边   10C RC.2.4 民国三年（1914）袁像嘉禾，红铜试样

10C RC.2.5 民国三年（1914）袁像合面，金   10C RC.2.6 民国三年（1914）袁像嘉禾，福建版

面值	编号	普品	极美	近未使用	未使用	面值	编号	普品	极美	近未使用	未使用
10C	RC.1				80 万+						
10C	RC.2.1			40 万	80 万+	10C	RC.2.2	300	600	1 500	5 000+
10C	RC.2.3			40 万+		10C	RC.2.4			20 万+	
10C	RC.2.5				无定价	10C	RC.2.6	600	1 200	2 500	8 000+

10C RC.3 民国五年（1916）袁像嘉禾

10C RC.4 民国十五年（1926）龙凤黼黻

10C RC.5.1 民国十八年（1929）孙像三帆，壹角   10C RC.5.2 民国十八年（1929）孙像三帆，国币拾分，镍合金

10C RC.6 民国二十一年（1932）孙像金本位

面值	编号	普品	极美	近未使用	未使用	面值	编号	普品	极美	近未使用	未使用
10C	RC.3	2 000	4 000	1万	2.5万+						
10C	RC.4	2 500	5 000	1.2万	3.5万+						
10C	RC.5.1				无定价	10C	RC.5.2				无定价
10C	RC.6				100万+						

拾分、十分镍币（一角，10C）

10C RC.7 民国二十四年（1935），孙像布图

10C RC.8.1 民国二十五年（1936）孙像布图，无A，奥地利版

10C RC.8.2 民国二十五年（1936）孙像布图，A，奥地利版，精制

10C RC.8.3 民国二十五年（1936）孙像布图，A，奥地利版

10C RC.8.4 民国二十五年（1936）孙像布图

10C RC.8.5 民国二十五年（1936）孙像布图，A，奥地利版，红铜试样

10C RC.8.6 民国二十五年（1936）孙像布图，铝试样

面值	编号	普品	极美	近未使用	未使用	面值	编号	普品	极美	近未使用	未使用
10C	RC.7			5万	10万+	10C	RC.8.1				无定价
10C	RC.8.2				1.5万+	10C	RC.8.3	50	100	200	400+
10C	RC.8.4	20	40	100	300+	10C	RC.8.5				12万+
10C	RC.8.6				12万+						

10C RC.8.7 民国二十五年（1936）孙像布图，右津，镍合金　　10C RC.8.8 民国二十五年（1936）孙像布图，右平，镍合金

10C RC.8.9 民国二十五年（1936）孙像布图，
左右津，镍合金　　　　　　　　10C RC.8.10 民国二十五年（1936）孙像布图，
左右平，镍合金

10C RC.8.11 民国二十五年（1936）孙像布图，
像上津，镍合金　　　　　　　　10C RC.8.12 民国二十五年（1936）孙像布图，
像上平，镍合金

10C RC.8.13 民国二十五年（1936）孙像布图，
布下津，镍合金　　　　　　　　10C RC.8.14 民国二十五年（1936）孙像布图，
布下平，镍合金

面值	编号	普品	极美	近未使用	未使用	面值	编号	普品	极美	近未使用	未使用
10C	RC.8.7				无定价	10C	RC.8.8				无定价
10C	RC.8.9				无定价	10C	RC.8.10				无定价
10C	RC.8.11				无定价	10C	RC.8.12				无定价
10C	RC.8.13			8万	15万+	10C	RC.8.14			8万	15万+

10C RC.8.15 民国二十五年（1936）孙像布图，平津版无字样币，镍合金　　　10C RC.8.16 民国二十五年（1936）孙像布图，布下平（津）去字，镍合金

10C RC.9.1 民国二十六年（1937）孙像布图　　　10C RC.9.2 民国二十六年（1937）孙像布图，大坯，铝试样

10C RC.10.1 民国二十七年（1938）孙像布图　　　10C RC.10.2 民国二十七年（1938）孙像布图，红铜试样

10C RC.11.1 民国二十八年（1939）孙像布图，弯头八　　　10C RC.11.2 民国二十八年（1939）孙像布图，直头八

面值	编号	普品	极美	近未使用	未使用	面值	编号	普品	极美	近未使用	未使用
10C	RC.8.15				无定价	10C	RC.8.16	800	2 000	4 000	8 000+
10C	RC.9.1				无定价	10C	RC.9.2				无定价
10C	RC.10.1	20	40	100	300+	10C	RC.10.2				7 万+
10C	RC.11.1	20	40	100	300+	10C	RC.11.2			3 000	6 000+

10C RC.11.3 民国二十八年（1939）孙像布图，镍合金试样Ⅰ　　10C RC.11.4 民国二十八年（1939）孙像布图，镍合金试样Ⅱ

10C RC.11.5 民国二十八年（1939）孙像布图，镍合金试样Ⅲ　　10C RC.12.1 民国二十九年（1940）孙像布图

10C RC.12.2 民国二十九年（1940）孙像布图，红铜试样　　10C RC.13.1 民国三十年（1941）孙像布图，桂林版

10C RC.13.2 民国三十年（1941）孙像布图，样币　　10C RC.13.3 民国三十年（1941）孙像布图

面值	编号	普品	极美	近未使用	未使用	面值	编号	普品	极美	近未使用	未使用
10C	RC.11.3				无定价	10C	RC.11.4				无定价
10C	RC.11.5				无定价	10C	RC.12.1	20	40	100	300+
10C	RC.12.2				无定价	10C	RC.13.1		500	800	2 000+
10C	RC.13.2				无定价	10C	RC.13.3	20	40	100	300+

10C RC.13.4 民国三十年（1941）孙像布图，红铜试样　　　　10C RC.13.5 民国三十年（1941）孙像布图，黄铜试样

10C RC.13.6 民国三十年（1941）孙像布图，银　　　　10C RC.14.1 民国三十一年（1942）孙像布图

10C RC.14.2 民国三十一年（1942）孙像布图，红铜试样　　　　10C RC.14.3 无纪年（约1942）布图合背

拾分铝币（十分，10C）

10C RC.15 民国二十九年（1940）布图

抗战时期沦陷区使用的铝币

1940年间为方便沦陷区商业活动，由成都分厂雕刻模具后委托上海银行公会请美商北极公司制作，在租界发行"伍分"、"壹分"的布图纯铝币，制额颇多。存世有"民国二十八年"版伍分、壹分及"民国二十九年"版拾分、贰分样币，极罕见，其中拾分为中国铝币大珍。

面值	编号	普品	极美	近未使用	未使用
10C	RC.13.4				无定价
10C	RC.13.6			5万+	
10C	RC.14.2			8万+	
10C	RC.15				无定价

面值	编号	普品	极美	近未使用	未使用
10C	RC.13.5				8万+
10C	RC.14.1	200	400	800	1 500+
10C	RC.14.3			5万+	

伍分、半毫镍币 (五分，5C)

5C RC.1.1 民国三年（1914）袁像嘉禾，L.G，齿边

规划但未发行的镍币

清末民初，用银铜为币材的观念仍根深蒂固，官方未认真考虑发行镍币。有关镍币的法令最早见于宣统二年（1910年），但度支部以镍矿及镍币制作方法尚在调查为由并未推行。民初《国币条例》颁布时列有镍币，总厂"民国三年"版袁像系列亦制作五分样币，但未发行。

5C RC.1.2 民国三年（1914）袁像嘉禾，L.G，齿边，银试样   5C RC.1.3 民国三年（1914）袁像嘉禾，L.G，齿边，红铜试样

5C RC.1.4 民国三年（1914）袁像嘉禾   5C RC.1.5 民国三年（1914）袁像嘉禾，齿边，红铜试样

5C RC.2.1 民国二十一年（1932）金本位币   5C RC.2.2 民国二十一年（1932）金本位币，满穿，红铜试样

面值	编号	普品	极美	近未使用	未使用	面值	编号	普品	极美	近未使用	未使用
5C	RC.1.1				无定价						
5C	RC.1.2			30万	60万+	5C	RC.1.3				无定价
5C	RC.1.4			20万	40万+	5C	RC.1.5				无定价
5C	RC.2.1				30万+	5C	RC.2.2				无定价

5C RC.2.3 民国二十一年（1932）金本位币，满穿　　　　5C RC.2.4 民国二十一年（1932）金本位币，齿边

5C RC.2.5 民国二十一年（1932）金本位币，阔缘满穿，红铜试样　　　　5C RC.3.1 无纪年（1932）中华民国，红铜试样

5C RC.3.2 无纪年（1932）中华民国

津浦铁路局自制的路用辅币

据资料，此种五分镍币系1932年（民国二十一年）津浦铁路局发行的专供路用的辅币。"津浦路局，以本路经过苏皖鲁冀数省，各地币制不同，往往此站受用，彼站拒绝，盖各随本地习尚而行，不唯旅客多有不便，路局亦常生纠葛……由局自行鼓铸镍质本路通用辅币一种，每枚五分，除本路各站客货收费一律通用外，并十足兑现……"

5C RC.4.1 民国二十四年（1935）孙像布图　　　　5C RC.4.2 民国二十四年（1935）孙像布图，红铜试样

面值	编号	普品	极美	近未使用	未使用	面值	编号	普品	极美	近未使用	未使用
5C	RC.2.3				无定价	5C	RC.2.4				无定价
5C	RC.2.5				无定价	5C	RC.3.1				无定价
5C	RC.3.2			10万	30万+						
5C	RC.4.1				15万+	5C	RC.4.2				25万+

5C RC.5.1 民国二十五年（1936）孙像布图，无A，奥地利版　　5C RC.5.2 民国二十五年（1936）孙像布图，A，奥地利版，精制

5C RC.5.3 民国二十五年（1936）孙像布图，A，奥地利版　　5C RC.5.4 民国二十五年（1936）孙像布图，A，奥地利版，红铜试样

5C RC.5.5 民国二十五年（1936）孙像布图　　5C RC.5.6 民国二十五年（1936）孙像布图，红铜试样

5C RC.5.7 民国二十五年（1936）孙像布图，金

面值	编号	普品	极美	近未使用	未使用	面值	编号	普品	极美	近未使用	未使用
5C	RC.5.1				无定价	5C	RC.5.2				1.5万+
5C	RC.5.3		100	200	800+	5C	RC.5.4			15万	
5C	RC.5.5		50	100	300+	5C	RC.5.6				12万+
5C	RC.5.7				无定价						

5C RC.5.8 民国二十五年（1936）孙像布图，左右津，镍合金　　5C RC.5.9 民国二十五年（1936）孙像布图，左右平，镍合金

5C RC.6 民国二十六年（1937）孙像布图　　5C RC.7.1 民国二十七年（1938）孙像布图

5C RC.7.2 民国二十七年（1938）孙像布图，红铜试样　　5C RC.8.1 民国二十八年（1939）孙像布图

5C RC.8.2 民国二十八年（1939）孙像布图，弯头八，黄铜试样　　5C RC.8.3 民国二十八年（1939）孙像布图，弯头八，黄铜镀镍

面值	编号	普品	极美	近未使用	未使用	面值	编号	普品	极美	近未使用	未使用
5C	RC.5.8				无定价	5C	RC.5.9				无定价
5C	RC.6				20万+	5C	RC.7.1	100	200	500	1 000+
5C	RC.7.2				6万+	5C	RC.8.1	150	300	600	1 200+
5C	RC.8.2				无定价	5C	RC.8.3				无定价

5C RC.9.1 民国二十九年（1940）孙像布图　　　　　　5C RC.9.2 民国二十九年（1940）孙像布图，红铜试样

5C RC.10.1 民国三十叠压二十九年（1941）孙像布图，银　　5C RC.10.2 民国三十叠压二十九年（1941）孙像布图，红铜

5C RC.10.3 民国三十叠压二十九年（1941）孙像布图，黄铜　　5C RC.10.4 民国三十年（1941）孙像布图，桂林版

5C RC.11.1 民国三十年（1941）孙像布图，样币　　　　　5C RC.11.2 民国三十年（1941）孙像布图

面值	编号	普品	极美	近未使用	未使用	面值	编号	普品	极美	近未使用	未使用
5C	RC.9.1	50	80	200	400+	5C	RC.9.2				5万+
5C	RC.10.1				5万+	5C	RC.10.2				5万+
5C	RC.10.3				5万+	5C	RC.10.4		1 000	1 500	2 000+
5C	RC.11.1				无定价	5C	RC.11.2	80	150	300	600+

5C RC.11.3 民国三十年（1941）孙像布图，银　　　　　　5C RC.11.4 无纪年（约1941）布图合背

伍分铝币（五分，5C）

5C RC.12.1 民国二十八年（1939）布图，花体　　　　5C RC.12.2 民国二十八年（1939）布图，花体，红铜试样

5C RC.13.1 民国二十九年（1940）布图　　　　　　5C RC.13.2 民国二十九年（1940）布图，铅试样

5C RC.13.3 民国二十九年（1940）布图，大字　　　　花体伍　　　　小字伍　　　　大字伍

面值	编号	普品	极美	近未使用	未使用	面值	编号	普品	极美	近未使用	未使用
5C	RC.11.3				5万+	5C	RC.11.4				无定价
5C	RC.12.1				无定价	5C	RC.12.2				20万+
5C	RC.13.1		20	50	100+	5C	RC.13.2				无定价
5C	RC.13.3				无定价						

贰仙镍币（二分，2C）

2C RC.1.1 民国二十一年（1932）金本位币　　　　2C RC.1.2 民国二十一年（1932）金本位币，满穿

贰分铝币（二分，2C）

2C RC.2.1 民国二十九年（1940）布图　　　　2C RC.2.2 民国二十九年（1940）布图，回纹边

壹分铝币（一分，1C）

1C RC.1 民国二十八年（1939）布图　　　　1C RC.2 民国二十九年（1940）布图

附录

$1 RCH.1 无铭文（约1928）双旗镍币①　　　　50C RCH.1 无铭文（约1928）双旗镍币②

面值	编号	普品	极美	近未使用	未使用	面值	编号	普品	极美	近未使用	未使用
2C	RC.1.1				50万+	2C	RC.1.2				无定价
2C	RC.2.1				无定价	2C	RC.2.2				无定价
1C	RC.1				无定价	1C	RC.2		30	60	120+
$1	RCH.1				无定价	50C	RCH.1				无定价

注①、②：推测为河南省所造，待考。

29

伪政府造

PSEUDO REGIME

(PDR)

  1931 年 9 月 18 日，日本发动九一八事变全面侵吞东北，在 1932 年 3 月成立所谓的"满洲国"，为日本在华扶植傀儡政权之始。尔后推动"华北分治"，1935 年 11 月成立"冀东防共自治政府"，1937 年 12 月划入北平成立"中华民国临时政府"。1937 年 7 月 7 日，在北平卢沟桥，日本发动七七事变，抗战全面爆发。日军攻陷南京后在 1938 年 3 月先成立"维新政府"，随即并入汪伪"南京国民政府"。1939 年 9 月成立"蒙疆联合自治政府"。1945 年日本投降后，傀儡政权全数瓦解。日伪政权的硬币，并未按成立之顺序生产，仅有伪满在成立次年至消亡，逐年发行硬币。

民国时期

伪"满洲国"

五角镍币（50C）

50C PMC.1 "康德五年"（1938）孔子像，样币镍合金

伪"满洲国"

1932年3月—1945年8月

伪"满洲国"范围包括旅顺、大连以外的东北三省、内蒙古东部及河北承德等地，面积113.34万平方公里。伪满成立后的同年6月设"满洲中央银行"，发行所谓"国币"以统一该地区的货币。1935年废除银本位，采用通货管理制并与日本金圆等价，成为日币的附庸。

伪满成立后溥仪任"执政"，在长春"建都"并改名"新京"，发行"大满洲国"及年号"大同"壹角及五分的铜镍币。1934年改帝制，年号"康德"。伪满硬币由日本造币局设计雕模，在伪满中央银行造币厂（奉天造币厂）生产。后期因铜镍物资缺乏，对币材进行了缩小减重，但仍无法应付时局，后改币材为纯铝，末期再行减重，甚至使用陶土材料。伪满硬币在缩减尺寸重量及改变材质时，图案设计均有变动。

50C PMC.2 "康德五年"（1938）寿字，样币镍合金

壹角镍铝币（一角，10C）

10C PMC.1 "大同二年"（1933），镍合金

10C PMC.2 "大同三年"（1934），镍合金

10C PMC.3 "康德元年"（1934），镍合金

10C PMC.4 "康德二年"（1935），镍合金

面值	编号	普品	极美	近未使用	未使用	面值	编号	普品	极美	近未使用	未使用
50C	PMC.1				无定价						
50C	PMC.2				无定价						
10C	PMC.1	50	100		200+	10C	PMC.2	50	100		200+
10C	PMC.3	50	100		200+	10C	PMC.4	50	100		200+

10C PMC.5.1 "康德三年"（1936），非金属样币，橘色　　　　　　10C PMC.5.2 "康德三年"（1936），非金属样币，酱色

10C PMC.6 "康德五年"（1938），镍合金

"改元"后发行的镍铝币

1934年伪满改帝制称"满洲帝国"，但币面"国号"未变，仅改年号"康德元年"。壹角镍币在"康德七年"（1940年）先缩尺寸再改为铝质，"康德十年"又缩小减重。五分镍币"康德七年"起改为铝质，"康德十年"缩小减重，"康德十一年"（1944年）币面改为"满洲帝国"，并出现镁质币（或称钢纸、陶土币）。

10C PMC.7.1 "康德六年"（1939），镍合金　　　　　　10C PMC.7.2 "康德六年"（1939），镍合金，精制

10C PMC.8.1 "康德七年"（1940），镍合金　　　　　　10C PMC.8.2 "康德七年"（1940），铝

面值	编号	普品	极美	近未使用	未使用	面值	编号	普品	极美	近未使用	未使用
10C	PMC.5.1			无定价		10C	PMC.5.2			无定价	
10C	PMC.6		50	100	200+						
10C	PMC.7.1		100	150	300+	10C	PMC.7.2				3万+
10C	PMC.8.1	60	120	200	400+	10C	PMC.8.2	25	50	100	200+

10C PMC.9 "康德八年"（1941），铝　　　　　　10C PMC.10.1 "康德九年"（1942），铝

"康德九年"材质试样

"康德九年"壹角的正式流通版本是铝币，另存世有正面刊"见本"（样币之意）两字的各种材质试制样币数种，包括银、镍合金、青铜、黄铜等。

10C PMC.10.2 "康德九年"（1942）见本，镍合金试样

10C PMC.10.3 "康德九年"（1942）见本，银试样　　　10C PMC.10.4 "康德九年"（1942）见本，青铜试样

10C PMC.10.5 "康德九年"（1942）见本，黄铜试样　　　10C PMC.10.6 "康德九年"（1942）见本，合金试样

面值	编号	普品	极美	近未使用	未使用	面值	编号	普品	极美	近未使用	未使用
10C	PMC.9	25	50	100	200+	10C	PMC.10.1	25	50	100	200+
						10C	PMC.10.2			6万	10万+
10C	PMC.10.3			6万	10万+	10C	PMC.10.4			6万	10万+
10C	PMC.10.5			6万	10万+	10C	PMC.10.6			6万	10万+

10C PMC.11.1 "康德十年"（1943），铝　　　　10C PMC.11.2 "康德十年"（1943），横壹角，铝

五分镍铝币（5C）

5C PMC.1 "大同二年"（1933），镍合金　　　5C PMC.2 "大同三年"（1934），镍合金

5C PMC.3 "康德元年"（1934），镍合金　　　5C PMC.4 "康德二年"（1935），镍合金

5C PMC.5 "康德三年"（1936），镍合金　　　5C PMC.6.1 "康德四年"（1937），镍合金

面值	编号	普品	极美	近未使用	未使用	面值	编号	普品	极美	近未使用	未使用
10C	PMC.11.1			2万	4万+	10C	PMC.11.2	50	80	150	300+
5C	PMC.1	100	200	400	1 000+	5C	PMC.2	25	50	100	200+
5C	PMC.3	25	50	100	200+	5C	PMC.4	25	50	100	200+
5C	PMC.5	25	50	100	200+	5C	PMC.6.1	25	50	120	250+

5C PMC.6.2 "康德四年"（1937），青铜试样　　　　5C PMC.7 "康德六年"（1939），镍合金

5C PMC.8.1 "康德七年"（1940），铝　　　　5C PMC.8.2 "康德七年"（1940），样币，铝

5C PMC.9 "康德八年"（1941），铝　　　　5C PMC.10 "康德九年"（1942），铝

5C PMC.11.1 "康德十年"（1943），铝　　　　5C PMC.11.2 "康德十年"（1943），横五分，铝

面值	编号	普品	极美	近未使用	未使用	面值	编号	普品	极美	近未使用	未使用
5C	PMC.6.2				无定价	5C	PMC.7	30	60	120	250+
5C	PMC.8.1	25	50	100	200+	5C	PMC.8.2				无定价
5C	PMC.9	25	50	100	200+	5C	PMC.10	25	50	100	200+
5C	PMC.11.1	25	50	100	200+	5C	PMC.11.2			300	500+

5C PMC.12.1 "康德十一年"（1944），铝　　　　　5C PMC.12.2 "康德十一年"（1944），陶

5C PMC.13 "康德十二年"（1945），陶

---壹分铝币（一分，1C）---

1C PMC.1 "康德六年"（1939）　　　　　　　1C PMC.2 "康德七年"（1940）

1C PMC.3 "康德八年"（1941）　　　　　　　1C PMC.4 "康德九年"（1942）

面值	编号	普品	极美	近未使用	未使用	面值	编号	普品	极美	近未使用	未使用
5C	PMC.12.1			300	500+	5C	PMC.12.2		40	80	120+
5C	PMC.13		40	80	120+						
1C	PMC.1	25	50	100	200+	1C	PMC.2	25	50	100	200+
1C	PMC.3	25	50	100	200+	1C	PMC.4	25	50	100	200+

1C PMC.5.1 "康德十年"（1943）　　　　　1C PMC.5.2 "康德十年"（1943），横壹分

1C PMC.6 "康德十一年"（1944）

1C PMC.7.1 "康德十二年"（1945），陶　　　1C PMC.7.2 "康德十二年"（1945），青铜试样

1C PMC.7.3 "康德十二年"（1945），宽缘试样

面值	编号	普品	极美	近未使用	未使用	面值	编号	普品	极美	近未使用	未使用
1C	PMC.5.1	25	50	100	200+	1C	PMC.5.2	40	80	150	300+
1C	PMC.6	40	80	150	300+						
1C	PMC.7.1	20	40	80	150+	1C	PMC.7.2			1.5万	3万+
1C	PMC.7.3				无定价						

伪"冀东政府"

贰角镍币（二角，20C）

20C PE.1 民国二十六年（1937），镍合金

壹角镍币（一角，10C）

10C PE.1 民国二十六年（1937），镍合金

伍分镍币（五分，5C）

5C PE.1 民国二十六年（1937），镍合金

伪"冀东政府"

1935年12月—1938年2月

初以通州为伪政府所在地，1937年8月迁唐山，盘踞河北省东北部地区，面积约8 200平方公里，人口约600万。1936年11月伪"冀东政府"在天津开办"冀东银行"，发行纸钞及硬币以掌控当地金融。计有"民国二十六年"版贰角、壹角及伍分镍合金币三种；壹分、伍厘铜币两种，计五种硬币，只有一个年份。贰角及壹角以唐山天宫寺塔为图案，伍分、壹分及伍厘主景设计是五色旗与22颗小星，代表北洋政府时期之国旗与其辖区的二十二县。据日本造币局史料记载，"1936年12月，'冀东政府'货币制造引受（承接）"，从而可知生产时间为1936年至1937年。1938年划入北平"中华民国临时政府"后停止发行。

面值	编号	普品	极美	近未使用	未使用
20C	PE.1	150	300	600	1 500+
10C	PE.1	50	100	300	800+
5C	PE.1	150	300	800	2 000+

伪"蒙疆银行"

五角镍锌币（50C）

50C PM.1.1 民国二十七年（1938），镍合金

50C PM.1.2 民国二十七年（1938），锌

50C PM.1.3 民国二十七年（1938），雾面合金试样

伪"蒙疆银行"
1937年12月—1945年8月
此设立于张家口并由日本操控的银行，为所谓"蒙疆联合自治政府"的发券银行。此伪政府前身由日军占领土地上扶植的"察南自治政府"、"晋北自治政府"、"蒙古联盟自治政府"等傀儡政权经"蒙疆联合委员会"策动，于1939年9月合并而成，其控制区域约相当今内蒙古自治区中部和河北省（旧时的察哈尔省和绥远省）、山西省部分。1938年发行"民国二十七年""蒙疆银行"五角镍合金币。据沈阳造币厂史料，该年分两批生产计600万枚。另有成吉思汗纪年之"成纪七三七年"（1942年）一分铝币及"成纪七三八年"（1943年）一角、五分铝币。据日本造币局史料，"1941年12月，蒙疆国货币制造开始"，可知生产时间为1942年至1944年。原计划次年发行铝币，可能因太平洋战争爆发而推迟日程，批量生产后成品在船运途中被美军潜艇击沉或其他因素未发行。

面值	编号	普品	极美	近未使用	未使用
50C	PM.1.1		300	600	1 200+
50C	PM.1.2				2 500+
50C	PM.1.3				5 000+

一角铝币（10C）

10C PM.1 成纪七三八年（1943）

五分铝币（5C）

5C PM.1.1 成纪七三八年（1943）   5C PM.1.2 成纪七三八年（1943），精制

一分铝币（1C）

1C PM.1 成纪七三七年（1942）   1C PM.2 成纪七三八年（1943）

面值	编号	普品	极美	近未使用	未使用	面值	编号	普品	极美	近未使用	未使用
10C	PM.1			2万	4万+						
5C	PM.1.1			3万	6万+	5C	PM.1.2				7万+
1C	PM.1			2.5万	5万+	1C	PM.2				7万+

伪"华兴商业银行"

廿分镍币（二角，20C）

20C PR.1 民国二十九年（1940）样币，镍

拾分镍币（一角，10C）

10C PR.1.1 民国二十九年（1940）样币，镍

10C PR.1.2 民国二十九年（1940），镍合金

伍分镍币（五分，5C）

5C PR.1 民国二十九年（1940）样币，镍

伪"华兴商业银行"

1939年5月—1945年8月

"维新政府"成立后在上海设置"华兴商业银行"，作为此华中地区傀儡政权的发行银行。钞币使用中华民国国号，以法币为发行准备并与之等值流通，目的在混淆民众、套取外汇及掠夺物资并破坏中国金融。硬币有"民国二十九年"版廿分、拾分、伍分之镍币及壹分铜币，其中廿分及伍分非常稀少，壹分亦少见，有铝样及银样存世，系日商石福金属制品厂上海工场生产。1941年1月，汪精卫在南京设立"中央储备银行"后，华兴行的发行权被取消，故币面所见仅一个年份。已发行的钞券以每百圆折合"中储券"240圆之比率由该行收回，此后改经营商业银行业务。汪伪政府有效管辖之行政区仅江苏、安徽与南京、上海、汉口、厦门等大城市，其余为浙、赣、鄂、湘、粤、闽等省之局部。

面值	编号	普品	极美	近未使用	未使用
20C	PR.1				无定价
10C	PR.1.1				无定价
10C	PR.1.2			200	500+
5C	PR.1				无定价

伪"中国联合准备银行"

壹角铝币（一角，10C）

10C PP.1 民国三十年（1941）

10C PP.2 民国三十一年（1942）

10C PP.3 民国三十二年（1943）

伪"中国联合准备银行"
1938年2月—1945年8月

卢沟桥事变后日军占领华北，在沦陷区扶持傀儡政权，年底即合并伪冀东政府在北平成立"中华民国临时政府"，管辖平津两市与河北、河南、山东、山西等华北地区。次年2月在北平开办"中国联合准备银行"，随即发行民国年号之"中联券"多种。1941年发行天坛图案的"民国三十年"版壹角、伍分及壹分铝币三种，由日本造币局设计刻模，直径及重量基本与日本当时所发行的十钱、五钱及一钱铝币相同。交日商石福金属制品厂上海工场生产了连续三个年份，其中以"民国三十二年"版伍分较稀少。另"民国三十二年"版伍分及壹分有银样。

日商石福全名"株式会社石福商店"，1938年4月在上海设办事处收集金属物资，1939年5月在日本造币局协助下获得造币能力，命名"石福金属制品厂"，首先承揽伪华兴商业银行的镍币，随后又代伪中国联合准备银行生产铝币，产品较为精美。

面值	编号	普品	极美	近未使用	未使用
10C	PP.1	25	50	100	250+
10C	PP.2	25	50	100	250+
10C	PP.3	25	50	100	250+

伍分铝币（五分，5C）

5C PP.1.1 民国三十年（1941）

5C PP.1.2 民国三十年（1941），银试样

5C PP.2 民国三十一年（1942）

5C PP.3 1943. 民国三十二年

壹分铝币（一分，1C）

1C PP.1.1 民国三十年（1941）

1C PP.1.2 民国三十年（1941），银试样

1C PP.2 民国三十一年（1942）

1C PP.3 民国三十二年（1943）

面值	编号	普品	极美	近未使用	未使用	面值	编号	普品	极美	近未使用	未使用
5C	PP.1.1	25	50	100	200+	5C	PP.1.2			6万	8万+
5C	PP.2	25	50	100	200+	5C	PP.3			5 000	1万+
1C	PP.1.1	25	50	100	200+	1C	PP.1.2			5万	7万+
1C	PP.2	25	50	100	200+	1C	PP.3			2 000	4 000+

30

苏维埃革命根据地造

CHINESE SOVIET REPUBLIC

（CSR）

1921年中国共产党在上海成立。1927年国共决裂后，中国共产党领导红军于各地控制区域内组织工农建立苏维埃政府。根据地地处经济落后区域，由于在根据地的建立与发展过程中，常受到封锁及包围，为维护与稳定根据地的金融及正常的经济活动，红军开办银行，发行自己的货币。所造银圆分两类，一种是可以到国民政府统治区（白区）使用的仿孙像及袁像银圆，一种是在根据地（苏区）流通的苏维埃银圆。苏区银圆通常有宣传口号，极具特色。因受限于艰苦的条件，工艺与设备水平无法与正规造币厂相比，制作较为粗犷且版式杂多，存世有限。

最早的根据地银圆是1931年湖北房县鄂北农民银行正面列宁像的"中国苏维埃共和国国币"背面镰刀斧头图"壹圆"，极罕见。另有"中国苏维埃共和国造"背面镰刀斧头图"壹圆"，仅见品，现藏于湖北博物馆。翌年瑞金中华苏维埃共和国国家银行成立，制作二角银币及五分、一分铜币，数量颇多。二角银币有1932、1933两个年份。

1932年有安徽省金家寨"鄂豫皖苏维埃政府工农银行一九三二年造壹圆"，地球上镰刀铁锤图案及"全世界无产阶级联合起来啊"。另有类似口号的俄文"苏维埃中华共和国"版，罕见。陕北"苏维埃共和国五年"壹圆，图文多不清晰，也很罕见。

苏区银圆中较多的是川陕省工农银行于1933年发行"中华苏维埃共和国川陕省造币厂造壹圆"，有1933、1934两个年份，以后者居多，由五星、镰刀铁锤可分多版。

壹圆 （一圆，$1）

$1 CSR.1.1 苏维埃共和国造（1931） $1 CSR.1.2 苏维埃共和国国币（1931）

$1 CSR.2 一九三二年俄文版（1932） $1 CSR.3 鄂豫皖省苏维埃（1932）

$1 CSR.4.1 苏维埃共和国五年（1935） $1 CSR.4.2 苏维埃共和国五年（1935），有嘉禾

面值	编号	普品	极美	近未使用	未使用	面值	编号	普品	极美	近未使用	未使用
$1	CSR.1.1		无定价			$1	CSR.1.2		无定价		
$1	CSR.2	20万	40万	80万		$1	CSR.3	10万	25万	50万	
$1	CSR.4.1		无定价			$1	CSR.4.2		无定价		

$1 CSR.5.1 川陕苏维埃一九三四年（1934），特大五角星　　$1 CSR.5.2 川陕苏维埃一九三四年（1934），大五角星

$1 CSR.5.3 川陕苏维埃一九三四年（1934），中五角星　　$1 CSR.5.4 川陕苏维埃一九三四年（1934），小五角星

$1 CSR.5.5 川陕苏维埃一九三四年（1934），空心连线五角星　　$1 CSR.5.6 川陕苏维埃一九三四年（1934），空心五角星

面值	编号	普品	极美	近未使用	未使用	面值	编号	普品	极美	近未使用	未使用
$1	CSR.5.1		15万	30万		$1	CSR.5.2		15万	30万	
$1	CSR.5.3		15万	30万		$1	CSR.5.4		15万	30万	
$1	CSR.5.5		20万	40万		$1	CSR.5.6		25万	50万	

贰角（二角，20C）

20C CSR.1 中华苏维埃共和国一九三二年（1932）　　　20C CSR.2 中华苏维埃共和国一九三三年（1933）

面值	编号	普品	极美	近未使用	未使用	面值	编号	普品	极美	近未使用	未使用
20C	CSR.1	5 000	1万	2万	4万+	20C	CSR.2	6 000	1.2万	2.5万	5万+

31

造币厂异配

MINT SPECIAL

（MS）

在中国近代机制币中，存有一些不属设计关联币模搭配制成的另类品种，基于严谨，且将此类币泛称为"异配币"。这种现象，源自造币模具制作过程中的试样。一枚钱币制成，需要正背两个钢模。而一付钢模雕制，需要较长间隔时间分别完成。先制成的面模或背模，雕模师通常会将其上机试制，打出若干样品以供审视，判断是否需修整完善。机器造币，需要上模、下模配合。试制中，如果采用素面钢模为下模，所出之品便是单面试样；如果借用其他成品旧模为下模，所出之品就成混配试样。此类品，早期藏界习称为试模样币。

20世纪30年代，中国机制币集藏渐兴，一些稀奇的异配币逐渐流入市场，颇受藏家青睐。十余年后，随着品种数量增多，藏界对此类币产生疑议，诸如造币厂职员戏作、币商串通造币厂而为，等等。由于民国时期时局动荡，造币厂管理不严、被裁造币厂机器流散民间等情况，质疑之见具有现实可能性。这虽与固有认定产生冲突，引发争议，然终因缺乏切实证据，难达共识，谜案不解。由于缺乏深入研究，质疑者渐成藏界主流，以致后来藏界普遍将异配品全部视为造币厂的"戏作币"。对此，马定祥先生曾言："此类币，部分可通过源流查考和实物鉴辨来推断为试模币外，不少品种，因无据可凭，实难明确予以界定。然若一概而论之为'戏作币'，定是有违事实、制造错案。"马老之言，反映了所处时代的历史无奈，同时也赋予我们研究上的启示。

随着学术研究进步和历史真相揭露，相关探讨会逐步深化并取得成果，历史悬案终将得到富有共识的合理破解。

（施新彪）

一圆型 ($1)

$1 MS.1 造币总厂混北洋造　　　　　　　　　　$1 MS.2 戴帽黎元洪混湖北龙

$1 MS.3 张作霖混仁寿同登　　　　　　　　　　$1 MS.4 曹锟混仁寿同登

$1 MS.5 袁像七分脸混张作霖

面值	编号	普品	极美	近未使用	未使用	面值	编号	普品	极美	近未使用	未使用
$1	MS.1			无定价		$1	MS.2			无定价	
$1	MS.3			无定价		$1	MS.4			无定价	
$1	MS.5			无定价							

$1 MS.6 袁像七分脸混龙凤纪念币　　　　　　　　　$1 MS.7 袁像七分脸混洪宪飞龙

$1 MS.8 民国十八年孙像奥地利版混壹圆

$1 MS.9 民国十八年孙像美国版混金本位，美国费城厂造

面值	编号	普品	极美	近未使用	未使用	面值	编号	普品	极美	近未使用	未使用
$1	MS.6			无定价		$1	MS.7			无定价	
$1	MS.8			无定价							
$1	MS.9			无定价							

$1 MS.10 民国三年袁像混戎装袁像　　　　　　$1 MS.11 民国九年袁像混戎装袁像

$1 MS.12 龙凤混戎装袁像

$1 MS.13 广州版袁像混孙像

面值	编号	普品	极美	近未使用	未使用	面值	编号	普品	极美	近未使用	未使用
$1	MS.10			无定价		$1	MS.11			无定价	
$1	MS.12			无定价							
$1	MS.13			无定价							

五角型 (50C)

50C MS.1 孙像配四川当十，红铜

50C MS.2.1 孙像配蒋字章，银

50C MS.2.2 孙像配开罗纪念章，红铜

50C MS.2.3 孙像配开罗纪念章，黄铜

50C MS.3 孙像配中央造币厂，红铜

50C MS.4.1 蒋像章配半圆，银

50C MS.4.2 蒋像章配半圆，红铜

50C MS.4.3 蒋像章配半圆，黄铜

面值	编号	普品	极美	近未使用	未使用	面值	编号	普品	极美	近未使用	未使用
50C	MS.1			10万+		50C	MS.2.1			12万+	
50C	MS.2.2			12万+		50C	MS.2.3			12万+	
50C	MS.3			15万+		50C	MS.4.1			25万+	
50C	MS.4.2			15万+		50C	MS.4.3			15万+	

50C MS.5.1 天坛章配半圆，银

50C MS.5.2 天坛章配半圆，红铜　　　　　　　　50C MS.5.3 天坛章配半圆，黄铜

50C MS.6.1 马兰配半圆，红铜　　　　　　　　50C MS.6.2 马兰配半圆，黄铜

面值	编号	普品	极美	近未使用	未使用
50C	MS.5.1			15万	
50C	MS.5.2			10万	
50C	MS.6.1			25万	

面值	编号	普品	极美	近未使用	未使用
50C	MS.5.3			10万	
50C	MS.6.2			25万	

二角型（20C）

20C MS.1 宣统五文配丁未贰角　　　　　20C MS.2 宣统五文配造总一钱四分四

20C MS.3.1 龙凤国徽配袁像三年　　　　20C MS.3.2 龙凤国徽配袁像三年，红铜

20C MS.4.1 四川醒狮配光绪龙　　　　　20C MS.4.2 四川醒狮配光绪龙，黄铜

20C MS.5 四川醒狮配廿分，红铜

面值	编号	普品	极美	近未使用	未使用	面值	编号	普品	极美	近未使用	未使用
20C	MS.1			无定价		20C	MS.2			无定价	
20C	MS.3.1			无定价		20C	MS.3.2			无定价	
20C	MS.4.1			无定价		20C	MS.4.2			无定价	
20C	MS.5			无定价							

一角型（10C）

10C MS.1.1 龙凤配袁像三年

10C MS.1.2 龙凤配袁像三年，金

10C MS.1.3 龙凤配袁像三年，红铜

10C MS.2.1 蒋像配拾分，银

10C MS.2.2 蒋像配拾分，黄铜

10C MS.3 蒋像配十分，红铜

二分型（2C）

2C MS.1 民国二十一年金本位贰仙，
复压于民国二十九年伍分铝币

面值	编号	普品	极美	近未使用	未使用	面值	编号	普品	极美	近未使用	未使用
10C	MS.1.1			无定价		10C	MS.1.2			无定价	
10C	MS.1.3			无定价		10C	MS.2.1			20万+	
10C	MS.2.2			15万+		10C	MS.3			15万+	
2C	MS.1			无定价							

后记
HOUJI

早在七八年前，上海科学技术出版社的高级策划励真先生就和我谈起过由我主持编纂一本银圆目录的想法。当时由于手头资料和图片的不足，加之主要没有足够的心理准备，未敢遽下决心开启这一艰巨的任务，但从此这棵小草便在心中日生夜长，竟至茁壮起来。那以后，多年以来留心收集和保留各种珍稀银圆资料的习惯更加成为我茶余饭后不可割舍的一部分，蓦然回首，竟也不期攒下了一笔可观的资料财富。有道是"日拱一卒无有尽，功不唐捐终入海"，终于，还是入了这个充满挑战和期待的"银圆之海"。在书稿即将付梓之际，要感谢多年来一直给我鼓劲的励真老友，有了他的催更，本书才得以与读者早日见面，他对书稿体例上的良多建议以及全程悉心审阅和润色，使得本书的阅读体验委实提升不少。

雪明是我青年时代一起玩铜元的好兄弟，时光荏苒，相识相知已二十多载，对于各类机制币版式的研究我俩经常有相似的见解。雪明给予了本书钱币版式上的大量帮助，他亦熟稔各类银圆的行情，本书所列参考价是我俩根据各渠道实际成交，经认真比对，取舍得出，力求准确呈现。

特别感谢《百年银圆》的作者孙浩（迷中迷）老师，本书各章（除最后一章）的开篇文字均由孙浩老师友情提供。感谢著名钱币学专家施新彪先生为本书作序。感谢首席收藏网及周寿远先生对于本书的数据支持。本书是一部完全不同于市面现有银圆书展现形式的新书，书中除了银圆，还收录了目前可考的全部镍铝辅币及金币，同时把所见不同材质的试样也纳入其中。书中不乏众多近年来新发现、从未刊录过或发表过的珍稀品种，还有许多大藏家秘藏许久的珍稀钱币，蒙藏家厚爱或亲自提供高清图片或经由笔者亲自照相取图。对于喜欢的人来说这是一本鉴赏书，对于新手或初学者此书是入门的钥匙，是一本工具书。宗旨是简单明了，通俗易懂，让更多的人了解中国银圆，喜爱中国银圆，收藏中国银圆，使得中国钱币文化事业发扬光大，大放异彩，走向世界！

感谢以下机构和个人在本书编写过程中给予本书的支持和帮助，他们是 PCGS、NGC、诚轩拍卖、SBP 拍卖、冠军拍卖、泓盛拍卖、HA 拍卖、

后记

SPINK 拍卖、嘉德拍卖、ANS、钱币天堂网、永银钱币、公博新疆钱币研究中心的何峻峰、苏雷、上海 ART021 当代艺术博览会 &Cc 基金会创始人周大为、张帆、张安生、肖志军、李晖、何泰山、何安成、刘继武、郑仁杰、周祥、马传德、严绍林、张跃群、陆炜祺、杨勇、栾心刚、邹毅强、段洪刚、耿毅、赖海浪、郑雄、缪杰、桑国裔、陈浩敏、李漾、陈慧耿、贾国彬、元凯宁、周鑫森、曾祥德、李亮、施钦、李家银、姚煜、吴坤平、黄洋、高兴、王琦、王俊胜、姜柳申、曾晨宇、陈鸣、王孙懿、泉痴、匹兹堡钢人等。

感谢以下著作的作者为本书提供宝贵资料和建议，他们是《百年铜元》的何代水、《新疆金银币图典》的林宪章、陈吉茂、《大汉藏泉》的张明泉、《中国近代机制币精品鉴赏》的周迈可、《中国近代机制币》的沈鸣镝、《川龙荟萃》《四川藏洋》的张承光和赵翁胜、《江南龙洋图鉴》的顾鼎民。另部分资料和图片参考自《中国历代金银货币通览》、《中国金银币目录》林国明版、《中国金银币目录》王春利版、《中国币图说汇考》、《伪满洲国货币图鉴》、《中国钱币博物馆藏品选》、《中国近代金、银币选集》、《沈阳造币厂图志》、《施嘉幹先生旧藏中外钱币》、《中国西藏钱币图录》。

其他提供我们图片支持的各位师友也在此一并致谢！另由于钱币线上线下流通频仍然不知归属而用到了其图片的，也在此向币主深表谢意！

周沁园

2021 年 7 月

后记
HOUJI

早在七八年前，上海科学技术出版社的高级策划励真先生就和我谈起过由我主持编纂一本银圆目录的想法。当时由于手头资料和图片的不足，加之主要没有足够的心理准备，未敢遽下决心开启这一艰巨的任务，但从此这棵小草便在心中日生夜长，竟至茁壮起来。那以后，多年以来留心收集和保留各种珍稀银圆资料的习惯更加成为我茶余饭后不可割舍的一部分，蓦然回首，竟也不期攒下了一笔可观的资料财富。有道是"日拱一卒无有尽，功不唐捐终入海"，终于，还是入了这个充满挑战和期待的"银圆之海"。在书稿即将付梓之际，要感谢多年来一直给我鼓劲的励真老友，有了他的催更，本书才得以与读者早日见面，他对书稿体例上的良多建议以及全程悉心审阅和润色，使得本书的阅读体验委实提升不少。

雪明是我青年时代一起玩铜元的好兄弟，时光荏苒，相识相知已二十多载，对于各类机制币版式的研究我俩经常有相似的见解。雪明给予了本书钱币版式上的大量帮助，他亦熟稔各类银圆的行情，本书所列参考价是我俩根据各渠道实际成交，经认真比对，取舍得出，力求准确呈现。

特别感谢《百年银圆》的作者孙浩（迷中迷）老师，本书各章（除最后一章）的开篇文字均由孙浩老师友情提供。感谢著名钱币学专家施新彪先生为本书作序。感谢首席收藏网及周寿远先生对于本书的数据支持。本书是一部完全不同于市面现有银圆书展现形式的新书，书中除了银圆，还收录了目前可考的全部镍铝辅币及金币，同时把所见不同材质的试样也纳入其中。书中不乏众多近年来新发现、从未刊录过或发表过的珍稀品种，还有许多大藏家秘藏许久的珍稀钱币，蒙藏家厚爱或亲自提供高清图片或经由笔者亲自照相取图。对于喜欢的人来说这是一本鉴赏书，对于新手或初学者此书是入门的钥匙，是一本工具书。宗旨是简单明了，通俗易懂，让更多的人了解中国银圆，喜爱中国银圆，收藏中国银圆，使得中国钱币文化事业发扬光大，大放异彩，走向世界！

感谢以下机构和个人在本书编写过程中给予本书的支持和帮助，他们是PCGS、NGC、诚轩拍卖、SBP拍卖、冠军拍卖、泓盛拍卖、HA拍卖、

后记

SPINK拍卖、嘉德拍卖、ANS、钱币天堂网、永银钱币、公博新疆钱币研究中心的何峻峰、苏雷、上海ART021当代艺术博览会&Cc基金会创始人周大为、张帆、张安生、肖志军、李晖、何泰山、何安成、刘继武、郑仁杰、周祥、马传德、严绍林、张跃群、陆炜祺、杨勇、栾心刚、邹毅强、段洪刚、耿毅、赖海浪、郑雄、缪杰、桑国裔、陈浩敏、李漾、陈慧耿、贾国彬、元凯宁、周鑫淼、曾祥德、李亮、施钦、李家银、姚煜、吴坤平、黄洋、高兴、王琦、王俊胜、姜柳申、曾晨宇、陈鸣、王孙懿、泉痴、匹兹堡钢人等。

感谢以下著作的作者为本书提供宝贵资料和建议,他们是《百年铜元》的何代水、《新疆金银币图典》的林宪章、陈吉茂、《大汉藏泉》的张明泉、《中国近代机制币精品鉴赏》的周迈可、《中国近代机制币》的沈鸣镝、《川龙荟萃》《四川藏洋》的张承光和赵翁胜、《江南龙洋图鉴》的顾鼎民。另部分资料和图片参考自《中国历代金银货币通览》、《中国金银币目录》林国明版、《中国金银币目录》王春利版、《中国币图说汇考》、《伪满洲国货币图鉴》、《中国钱币博物馆藏品选》、《中国近代金、银币选集》、《沈阳造币厂图志》、《施嘉幹先生旧藏中外钱币》、《中国西藏钱币图录》。

其他提供我们图片支持的各位师友也在此一并致谢!另由于钱币线上线下流通频仍已然不知归属而用到了其图片的,也在此向币主深表谢意!

周沁园
2021年7月

机制币四书

1/4 百年银圆·中国近代机制币珍赏（修订版）

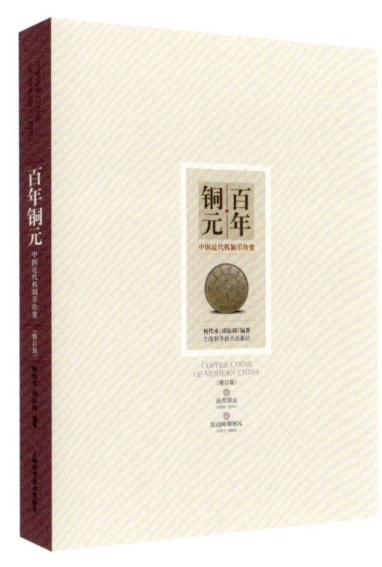

2/4 百年铜元·中国近代机制币珍赏（修订版）

3/4 中国机制银圆目录

4/4 中国机制铜元目录（第二版）

全国新华书店及
各线上平台均有销售